# 遗忘的尽头

第2版

## 与社交媒体一同成长

[美] 凯特·艾科恩 / 著　骆世查 / 译

四川大学出版社
SICHUAN UNIVERSITY PRESS

THE END OF FORGETTING: Growing Up with Social Media
By Kate Eichhorn
Copyright©2019 by the President and Fellows of Harvard College
Published by arrangement with Harvard University Press through Bardon-Chinese Media Agency
Simplified Chinese translation copyright©(2022) by Sichuan University Press Co., Ltd
ALL RIGHTS RESERVED
四川省版权局著作权合同登记图进字 21-2022-440 号

## 图书在版编目（CIP）数据

遗忘的尽头：与社交媒体一同成长 /（美）凯特·艾科恩著；骆世查译. — 2 版. — 成都：四川大学出版社，2024.1
（媒介与记忆译丛 / 黄顺铭主编）
ISBN 978-7-5690-6607-4

Ⅰ. ①遗… Ⅱ. ①凯… ②骆… Ⅲ. ①互联网络—传播媒介—研究 Ⅳ. ① G206.2

中国国家版本馆 CIP 数据核字(2024)第 007019 号

| 书　　　名: | 遗忘的尽头：与社交媒体一同成长（第 2 版） |
|---|---|
| | Yiwang de Jintou: Yu Shejiao Meiti Yitong Chengzhang(Di-er Ban) |
| 著　　　者: | [美]凯特·艾科恩 |
| 译　　　者: | 骆世查 |
| 丛　书　名: | 媒介与记忆译丛 |
| 丛 书 主 编: | 黄顺铭 |

| 丛书策划: | 侯宏虹　陈　蓉 | 选题策划: | 王　冰 |
|---|---|---|---|
| 责任编辑: | 王　冰 | 责任校对: | 陈　蓉 |
| 装帧设计: | 叶　茂 | 责任印制: | 王　炜 |

| 出版发行: | 四川大学出版社有限责任公司 |
|---|---|
| | 地　址: 成都市一环路南一段 24 号（610065） |
| | 电　话:（028）85408311（发行部）、85400276（总编室） |
| | 电子邮箱: scupress@vip.163.com |
| | 网　址: https://press.scu.edu.cn |
| 印前制作: | 四川胜翔数码印务设计有限公司 |
| 印刷装订: | 四川省平轩印务有限公司 |

| 成品尺寸: | 148 mm×210 mm |
|---|---|
| 印　　张: | 7.75 |
| 字　　数: | 179 千字 |
| 版　　次: | 2023 年 1 月 第 1 版 |
| | 2024 年 1 月 第 2 版 |
| 印　　次: | 2024 年 1 月 第 1 次印刷 |
| 定　　价: | 66.00 元 |

本社图书如有印装质量问题，请联系发行部调换

**版权所有 ◆ 侵权必究**

扫码获取数字资源

四川大学出版社
微信公众号

# "媒介与记忆译丛"总序

作为一种社会现象，记忆乃是人类社会生活之基础，它在人类历史进程中不断地走向外化。每个人的血肉之躯都提供了一个天然的记忆媒介，但这种具身的"生物记忆"和"内部记忆"仅仅是人类历史上众多记忆形态之一。其他记忆形态都始终或多或少、或深或浅地牵涉体外化的记忆媒介，诸如文字、图像、声音，诸如遗址、纪念碑、博物馆，诸如报纸、广播电视、互联网。这些各有记忆可供性的媒介相互交织，并由此形塑出了缤纷多彩的记忆图景。而随着一个社会中的整体媒介生态及其主导媒介形式发生变化，其记忆图景也自然会相应改变。因是之故，在口语时代、印刷时代、电子时代、数字时代中，记忆图景各各不同，其中的主导性记忆范式亦各各不同。当下，我们正处在人类记忆史上的新时代，建基于二进制的数字技术和企图连结一切的互联网在深刻形塑社会生活的

**遗忘的尽头：与社交媒体一同成长**

同时，也在深刻形塑着记忆的生产、存储、表征、分享。在未来相当长一段时间内，记忆的"连结性转向"都将成为数字记忆的一个核心命题。

媒介与记忆研究在西方已然硕果累累，中国学者近年来也对此兴趣日浓，并取得不少优秀成果。在此学术背景下，我们深感有必要策划并推出一套"媒介与记忆译丛"。本着鲁迅先生的"拿来主义"原则，我们希望本译丛提供一套既具学术价值也可开阔视野的参考资料，以进一步激发中国媒介与记忆研究的想象力，为推进中国本土的媒介与记忆研究贡献绵薄之力。得益于四川大学文学与新闻学院的慷慨资助，得益于四川大学出版社的大力支持，得益于身为"文化中间人"的译者们的辛勤付出，本译丛才能最终顺利踏上这场跨国的、跨语言的"理论旅行"。

黄顺铭

# 目　录

**导论：在遗忘的尽头成长** …………………………（001）
　　从"童年的消逝"到永久的童年 ………………（003）
　　被遗忘的童年和无尽的童年 ……………………（016）
　　遗忘与被遗忘的价值 ……………………………（028）

**第一章　社交媒体出现之前与之后的童年记录** ……（036）
　　在摄影出现之前表现儿童与童年 ………………（037）
　　摄影时代的儿童与童年 …………………………（043）
　　专为儿童设计的媒介技术 ………………………（046）
　　青年文化与宝丽来 ………………………………（052）
　　从赛璐珞胶片到录像的家庭电影 ………………（056）
　　记录社交媒体时代的童年与青少年 ……………（067）

**第二章　数据主体时代的遗忘与被遗忘** ……………（071）
　　关于遗忘的修复性观点 …………………………（074）
　　没有边界与宵禁的主体 …………………………（079）
　　数字时代的遗忘与身份认同发展 ………………（082）
　　重建社会心理合法延缓机制 ……………………（091）

**遗忘的尽头：与社交媒体一同成长**

**第三章 屏幕、屏蔽记忆与童星** ……………… （098）
  婴儿图像与婴儿迷因（Memes） ……………… （103）
  青少年社交媒体明星 ……………………………（111）
  网络欺凌的兴起 …………………………………（113）
  多屏时代的屏蔽记忆 ……………………………（124）

**第四章 当标签对象离开家乡** …………………（131）
  与我们一起移动的社交网络 ……………………（133）
  标签对象简史 ……………………………………（142）
  照片标签的起源 …………………………………（149）
  不再只是人群中的另一张面孔 …………………（155）
  赢家与输家 ………………………………………（159）

**第五章 追求数字消失** …………………………（162）
  数字空间、数字时间与社会心理合法延缓期 …（165）
  数据剥夺 …………………………………………（172）
  记忆的生意 ………………………………………（176）
  遗忘的代价 ………………………………………（181）

**结论：遗忘、自由与数据** ………………………（190）

**致　谢** ……………………………………………（196）

**参考文献** …………………………………………（197）

**索　引** ……………………………………………（212）

**译后记** ……………………………………………（238）

# 导论：在遗忘的尽头成长

在20世纪，如果有谁因为童年或青少年时期的某张照片而实在感到羞愧，有一个很简单的解决办法：悄悄将其从相框或家庭相簿中取出来销毁。只需几秒钟，人生中某个特别尴尬的事件或阶段就能被有效抹除。当然，照片的缺失最终有可能会被注意到，但在模拟时代（analogue era），除非一个人的亲朋好友足够谨慎，以至于保留了底片，否则人们可以或多或少地确信，一旦照片被撕掉或烧掉，这个令人尴尬的过去的痕迹也就消失了。没有照片的存在，人们甚至可以认为，任何关于某件事或人生阶段的残存记忆很快就会在自己的脑海中消失，也许更重要的是，在其他人的脑海中消失。回过头来看，这种人类情感的脆弱性——曾经导致我们徒手销毁照片的那些羞愧和愤怒——可能是模拟媒介（analogue media）伟大但未被重视的特点之一。

如今，在进入数字媒介时代的这几十年里，要将自己的童年和青少年时期抛在脑后，以及让别人忘记年轻时的自己，可能性已经很小了。虽然年轻人可能仍然试图暗中从他

## 遗忘的尽头：与社交媒体一同成长

们父母和祖父母的手机、平板电脑和电脑中删除自己的照片，但这种行为绝不再像把照片从相册中撕下来扔进壁炉那样简单了。想知道照片是否已经永远消失已几乎不可能。这张尴尬的照片是否只存在于一个设备上？它是否已经被分享给几十个亲朋好友了？有没有人因为觉得它非常可爱或有趣所以就在脸书（Facebook）上发布出去了？这张照片已经在哪些地方流传过了？能否找回并销毁所有的副本？更糟糕的是，照片是否被加上了标签？曾经只需几秒钟的销毁行为，现在已是一项巨大的、几乎不可能完成的任务。

当然，把目前这种现象归咎于疼爱孩子的父母和祖父母的数字化囤积行为是不公平的。毕竟，现在的儿童和青少年也正以前所未有的速度生成着他们自身的照片。虽然很难得到确切的数字，但显而易见的是，大多数能使用手机的年轻人每天都在拍摄和传播自拍照。[1] 也有越来越多的证据表明，不仅仅是青少年痴迷于自拍，幼儿也喜欢自拍，不管是有意还是无意，他们甚至已经可以成功地将自己的照片传播出去。[2] 但这种过度记录的代价是什么？更具体地说，在这

---

[1] 2016 年，在谷歌相册（Google Photos）推出一周年之际，谷歌公司在其博客上总结道，谷歌相册的 2 亿用户在过去 12 个月内上传了共 240 亿张自拍（https://www.blog.google/products/photos/google-photos-one-year-200-million/）。然而，要找到各年龄段自拍数量的准确数据则较为困难。至少有一项研究发现，年轻人拍摄和传播的自拍照更多，特别是年轻女性。参见"自拍城市调查"，这是一个大规模的调查项目，收集了全球五个主要城市的自拍数量和类型的数据：http://selfiecity.net。

[2] Danielle Wiener-Browner, "Narcissistic Babies Can't Stop Taking Selfies," *Atlantic*, Jan. 28, 2014.

样一个时代,童年和青少年时期的图像,甚至是在这一短暂的生命时期所形成的社交网络,无论是否出于自己的意愿,都能如此容易地被保存下来,并且这样的情况很可能会一直持续下去,这又意味着什么?如果一个人的青春永远存在,他还能超越自己吗?这些都是本书试图探讨的迫切问题。

## 从"童年的消逝"到永久的童年

当数字技术在 20 世纪 90 年代初开始重组我们的日常生活时,我们所面临的有关童年图像的危机是最不值得关注的。媒体学者、社会学家、教育研究者和各类政治派别的警告者更倾向于哀叹童年的消逝,而不是担心童年永久存在的前景。1994 年,当公众刚刚开始理解和吸收诸如"互联网""网络空间"和"万维网"等全新词汇的时候,我正好开始在教育学领域念研究生。当时的教育研究人员痴迷于测量、监测和辩论互联网对青少年的影响,及其在更广泛的层面对未来教育的影响。我的导师以前的工作主要是研究识字史,她就鼓励我扔掉书本,学习编程,并开始研究和开发适用于

## 遗忘的尽头：与社交媒体一同成长

未来"有线教室"（wired classroom）①的教育视频游戏。她的乐观态度是比较罕见和独特的。毕竟当时只有少量教育工作者和教育研究人员在认真探索互联网与其他新兴数字技术的潜在好处，这一时期的特点是充满了对新媒介技术的道德恐慌。因此，最早的关于年轻人和互联网的研究大多试图为即将发生在网络世界的新兴事物辩护，或是驳斥对其的担忧。

早期关于互联网对儿童和青少年影响的一些担忧其实也有一定道理。互联网确实使色情制品，包括暴力色情制品更容易获得，而且它使侵害儿童的不法分子更容易接触到年轻人。执法机构和立法者也在不断努力解决这些严重问题。然而，许多早期对互联网的担忧仅仅是源于恐惧，其根据则是长久以来对年轻人做出理性决策能力的预设。

许多成年人担心，如果让孩子们独自上网，他们会迅速而不可挽回地丢失童真。许多关于网络上潜伏着负面内容的报道也加剧了这种担忧。②在大多数成年人刚刚开始上网冒

---

① 有线教室指的是连接了互联网的教室。具体而言，有线教室使用互联网和其他方面的现代技术来加强学生的学习效果。这种类型的学习可能涉及将无线技术引入学校和教学机构，或建立可通过互联网访问的虚拟教室。现代技术使教育能够跟上学习的变化趋势，如即时反馈、实时信息和为每个学生定制的体验等。与此相对，学校使用的传统授课方式被认为是一刀切的，预设所有学生的学习方式都一样。许多研究表明，在现实中，当学生的学习方式各不相同时，他们的学习效果最好。因此，许多人需要在学习过程中更主动投入，以便能够有效地学习。随着今天信息获取的便利程度与速度的提升，这种需求正变得越来越普遍。教师在课堂内外都在使用互联网来提高教学效果。——译者注

② John Schwartz, "Caution: Children at Play on the Information Highway," *Washington Post*, Nov. 28, 1993, AOL.

险的时候，大众媒体仍然普遍将互联网描述为一种任何人都可以轻易进入的充斥着色情内容的多用户域（MUD）[①]，他们可以在这里与电脑黑客混在一起并学习他们的犯罪技巧，恐怖分子或是炸弹制造者甚至可以在此磨炼技能。事实上，以上任何一件事情通常都不是上个一两次网就能完成的。但这并没有减少人们对于互联网的担忧，人们普遍认为它是一个黑暗和危险的地方，各种威胁都在欢迎门前等待着。

当媒体还在纠结于如何保护儿童不受网上色情、变态内容或黑客和义警[②]的影响时，应用社会科学的研究人员正忙着开展大量的实证研究，以探讨互联网的使用与身体和社会紊乱之间的种种关联。一些研究人员警告说，花太多时间上网会导致年轻人更容易得肥胖症、重复性劳损、肌腱炎和背部损伤。还有人警告道，使用互联网会导致精神问题，从

---

① 多用户域（MUD）又称多用户空间（Multi-User Dimension）或多用户领域（Multi-User Domain）。MUD 是多人即时虚拟类游戏，通常以文字描述为基础。MUD 结合了角色扮演、打斗、玩家对战、交互小说与在线聊天等元素，玩家可以阅读或查看房间、物品及其他玩家、非玩家角色的描述，并在虚拟世界中做出特定行为。玩家通常会通过输入类似自然语言的指令来与虚拟世界中的其他玩家、非玩家角色等进行交互。——译者注

② 自诩为正义的人，在当今的大众传媒中表现为当法律程序无效时，他们志愿组织起来制止和惩治"犯罪"。——译者注

## 遗忘的尽头：与社交媒体一同成长

"社会疏离"、抑郁症，到区分现实与模拟的能力下降。[1]

20 世纪 90 年代，关于互联网的流行文章与学术论文的一个共同主题，就是这项新技术在权力与知识获取方面所造成的某种变化。1993 年一篇被广泛转载的文章标题为《当心：在信息高速公路上玩耍的儿童》，该文提醒道："把孩子放在电脑前，有点像让他们独自在商场里逛一下午。但是，当父母把他们的儿子或女儿送到真正的商场时，他们通常会制定一些基本规则：不要和陌生人说话，不要走进'维多利亚的秘密'内衣店，以及留给你一些能花的钱。但在电子商场，很少有家长制定规则，他们甚至不知道如何制定规则。"[2] 如果说父母们既关心又不知所措，这可能与以下事实有很大关系，即随着十年时间的推移，在当时仍被普遍称为网络空间的许多地方，年轻人的数量越来越多。如此一来，父母们的实际问题变得越来越难以回答，在某些情况下，甚至要问：到底谁有权力在这个网络领域实施宵禁？这个全新且迅速扩大的空间的边界在哪里？儿童在这里建立了

---

[1] 参见美国卫生与公共服务部：《身体活动与健康：一份关于健康状况的报告》（亚特兰大：美国卫生与公共服务部，疾病控制和预防中心，国家慢性病预防和健康促进中心，1996 年）；J. O. Hill and J. C. Peter, "Environmental Contributions to the Obesity Epidemic," *Science* 280 (1998): 1371 – 1374; R. Kraut, M. Patterson, V. Lundmark, et al., "Internet Paradox: A Social Technology That Reduces Social Involvement and Psychological Well-being?" *American Psychologist* 53 (1998): 1017 – 1031; Kaveri Subrahmanyam, Robert E. Kraut, Patricia M. Greenfield, and Elisheva F. Gross, "The Impact of Home Computer Use on Children's Activities and Development," *Children and Computer Technology* 10, no. 2 (2000): 123 – 144.

[2] Schwartz, "Caution."

导论：在遗忘的尽头成长

什么样的关系？在网上认识的年轻人究竟是更像在现实中交换信件的笔友，还是真正的熟人？小孩会不会通过网络而有了性接触，抑或只是在网上交流有关性的信息？诚然，父母担心他们的孩子在哪里，以及他们在做什么，这并不新鲜，但这些担心由于新的概念性挑战而加剧了。一方面，现在的家长不得不为了孩子的健康而做出明智的决定；另一方面，他们中又很少有人真正了解这个领域，甚至从未有过亲身经历。

在这种情况下就很容易理解为什么儿童的纯真受到威胁会被援引为加强对互联网进行监管与监测的理由了。在美国，克林顿总统于1996年签署的《通信规范法》获得了相当大的支持，因为人们普遍担心，如果不加强对通信的监管，这个国家的儿童注定会成为变态和数字义警。该法案授权美国政府"鼓励开发各种技术，使用户能够最大限度地控制使用互联网和其他互动电脑服务的个人、家庭和学校所收到的信息"，并"消除各类阻碍开发与利用封锁和过滤技术的因素，使父母能够限制其子女接触不良或不适当的线上内容"[①]，而美国公民自由联盟（ACLU）[②]后来在最高法院

---

① Telecommunications Act of 1996, S. 652, 104th Cong. (1996).
② 美国公民自由联盟是一个大型非营利组织，成立于1920年，总部设于纽约市，其目的是"捍卫和维护美国宪法和其他法律赋予的、这个国度里每个公民均享有的个人权利和自由"。联盟透过诉讼、推动立法以及社区教育等方式达到其目标。美国公民自由联盟的地方分支机构活跃在美国所有50个州和波多黎各，在它认为公民自由受到威胁的案件中提供法律援助。法律援助的形式有为公民提供法律代理，或者当其他律师事务所已经代理时准备"法庭之友"意见书，表达法律诉求。——译者注

### 遗忘的尽头：与社交媒体一同成长

以违反第一修正案的名义成功挑战了该法案。起草该法案的人认为，儿童对现实的认识无一例外地受到他们与媒介技术互动的影响（这种说法基于早期对年轻人与电影和电视互动的研究），因此，过滤器是必要的。

然而，至少有一些批评者认识到，用以儿童的纯真为中心的论述来推进网络审查方面的工作，这个过程中并没有考虑到儿童的实际需要。在 1997 年发表于《激进教师》(*Radical Teacher*) 上的一篇文章中，美国媒体理论家亨利·詹金斯（Henry Jenkins）[①] 敏锐地指出，父母、教育家和政治家对互联网的道德恐慌其实并不新鲜。从 20 世纪初对漫画书的攻击，到后来对电影、广播和电视的负面影响的恐慌，可以说新媒体对年轻人构成威胁的这种论调早就被预演过了。詹金斯认为，真正的问题不在于新媒体，而在于"童年的纯真"这个神话本身：

> "童年纯真"的神话"清空"了儿童自己的任何想法，剥夺了他们自身的政治能动性与社会议程，如此他

---

① 亨利·詹金斯是知名美国媒体学者，现任南加州大学（USC）传播、新闻、电影艺术和教育学院的教授、教务长。此前，詹金斯是麻省理工学院（MIT）比较媒体研究项目的联合创始人和联合主任。他还曾在视频游戏发行商 Bethesda Softworks 的母公司 ZeniMax Media 的技术顾问委员会任职。詹金斯对于流行文化的研究涵盖了众多领域，包括歌舞剧与流行电影、漫画、电子游戏、游戏暴力、跨媒介、参与式文化、粉丝文化、新媒体素养、融合文化、可传播媒体以及比较媒介，等等。他曾出版十余部关于媒介和流行文化各个方面的著作，包括影响力巨大的《文本盗猎者：电视粉丝与参与式文化》《融合文化：新媒体和旧媒体的冲突地带》等。——译者注

导论：在遗忘的尽头成长

们便可以成为成人需求、欲望和政治的载体……当"纯真的"儿童开始在我们的思维中取代真实存在的儿童，或者当它有助于合法化限制真实儿童的思想和管制其身体时，它就是一个愈发危险的抽象概念。"童年纯真"的神话只会把儿童看作成人世界的潜在受害者或家长式保护的受益者，它反对把儿童视作教育过程中的积极能动者的教学法。我们无法通过拒绝儿童接触挑战性的信息或挑衅性的图像来教他们如何进行批判性思考。[1]

詹金斯并不是唯一坚持认为真正的挑战是允许儿童和青少年以生产性和创新性的方式使用互联网，从而建立起一个全新的和充满活力的公共领域的学者。我们现在知道，在20世纪90年代和21世纪初，有大量教育工作者和家长的确选择让儿童充分接触互联网。这些年轻人最终创建了许多社交媒体和共享经济平台，这些平台将在新千年的第一个十年结束时改变所有年龄段的人的生活。在1996年，脸书的马克·扎克伯格（Mark Zuckerberg）只有12岁，爱彼迎（Airbnb）的布莱恩·切斯基（Brian Chesky）只有15岁。但站在当时，詹金斯很难有说服力——毕竟他的这些论点是在一个许多人业已放弃了童年的未来的文化中流传的。其中有一位更为知名的怀疑论者，也是一位媒体理论家，即尼

---

[1] Henry Jenkins, "Empowering Children in the Digital Age: Towards a Radical Media Pedagogy," *Radical Teacher* no. 50 (Spring 1997): 30–35.

**遗忘的尽头：与社交媒体一同成长**

尔·波兹曼（Neil Postman）[1]。

波兹曼在他 1982 年出版的《童年的消逝》一书中认为，新媒体正在侵蚀童年和成年之间的界限。他声称："随着电子媒介对成人世界全部内容的快速且无差别的披露，一些深刻的后果产生了。"这些后果包括成人权威与儿童好奇心的削弱。[2] 尽管波兹曼并不见得接受"童年的纯真"这一提法，但他很看重"童年"这一概念本身，认为存在一种理想的童年，且这种理想童年已经在不断衰退。在他看来，这与以下事实有很大关系，即童年作为一个相对较新的历史发明，从来都是与媒介技术的历史深深纠缠在一起的某种建构。

当然，青年的概念一直存在，但一些学者认为，儿童的概念是现代早期的发明。波兹曼不仅采取了这一立场，还认为这一概念的出现是活字印刷术的深远影响之一，而后者于

---

[1] 尼尔·波兹曼是美国作家、批评家、教育家。他在纽约大学任教超过四十年，研究方向是文化传播和媒体理论，并开创了名为"媒介环境学"的新领域。他最为人熟知的作品是 1982 出版的《童年的消逝》、1985 年的《娱乐至死》和 1992 年的《技术垄断》。2003 年，他因肺癌去世。——译者注

[2] Neil Postman, *The Disappearance of Childhood* (New York: Delacorte Press, 1982), 85.

15 世纪末首次出现在德国的美因茨。① 随着印刷文化的传播，口耳相传的方式被贬低，于是在会读书的人和不会读书的人之间形成了一种等级制度。非常年轻的人被越来越多地置于成人的识字世界之外。这一时期还发生了一件事：不同类型的印刷品开始针对不同类型的读者生产出来。16 世纪时，没有基于年龄的等级划分或相应的书籍。新的读者，无论他们是 5 岁还是 35 岁，都要阅读同样的基本书籍。② 然而，到了 18 世纪末，世界发生了变化。儿童阅读的是儿童读物，而成人则阅读成人读物。儿童开始被认为是一个独立的类别，需要受到保护以免受成人世界里丑恶内容的侵害。但是，童年出现的这一阶段又被证明是短暂的（根据波兹曼的说法，大致从 19 世纪中期到 20 世纪中期）。诚然，早期的通信技术和广播媒介，例如从电报到电影，已经在侵蚀着童年，但 20 世纪中期电视的到来则标志着童年终结之路

---

① 其他学者也提出了同样的观点。菲力普·阿里耶斯（Philippe Ariès）认为，在活字印刷术发明之后，儿童被有效地从他们曾经接触过的成人世界中分离出来，然后被送入学校，在那里他们的能动性被进一步剥夺了。Ariès, *Centuries of Childhood: A Social History of Family Life*, trans. Robert Baldick (New York: Vintage, 1962), 413. 伊丽莎白·爱森斯坦（Elizabeth Eisenstein）在这一说法的基础上写道："就印刷术导致了新形式的累积性认知进步和渐进式变化而言，它也扩大了书面与口语文化之间的差距，其方式是使饱读诗书的成年人与未受教育的小孩之间的差距越来越大。"Eisenstein, *The Printing Press as an Agent of Change: Communications and Cultural Transformations in Early Modern Europe* (Cambridge: Cambridge University Press, 1979), 432.

② Ariès, *Centuries of Childhood*, 150 - 151; Teresa Michals, *Books for Children, Books for Adults: Age and the Novel from Defoe to James* (Cambridge: Cambridge University Press, 2014), 36.

## 遗忘的尽头：与社交媒体一同成长

的开始。波兹曼总结道："电视以三种方式侵蚀了童年和成年之间的分界线，所有这些都与它无差别的可及性有关：第一，因为不需要指导，人们就能掌握它的操作；第二，因为它不对人们的思想或行为提出复杂的要求；第三，因为它不切分其受众。"①

尽管波兹曼的专著侧重于电视，但它包含了一个令人好奇又很少被讨论的关于电脑的潜在影响的附带说明。在最后一章中，波兹曼提出并回答了六个问题，包括"是否存在某种通信技术有可能维持童年的需求？"在回答自己的问题时，他说道："唯一有这种能力的技术是电脑。"他解释道，要给电脑编程实质上就是学习一门语言，而这种技能必须在童年时期就获得："应该说，有必要让每个人都知道电脑如何工作，如何对使用者强加其特殊的世界观，如何改变我们对判断的定义，亦即一种普遍的电脑素养是必需的。那么可以想象，年轻人的学校教育将变得更加重要，一种不同于成人文化的青年文化也可能得以持续。"但事情也可能朝着另一个方向发展。如果经济与政治集团出于自身利益的考量，决定"允许大部分半文盲人口在无须理解的情况下使用电脑或被电脑使用，通过视觉化电脑游戏的魔力来享受娱乐……那么童年仍会不受阻碍地踏上其被不断湮没的旅程"②。

---

① Postman, *The Disappearance of Childhood*, 80.
② Ibid., 149 – 150.

在当时，波兹曼的论点无疑是很有价值的。当他在写这本书的时候——很可能就是用手写或打字机写的——大多数人还没有想到，未来一代的孩子，甚至是刚学会走路的孩子都会很容易地使用电脑。1982年，当《童年的消逝》上架时，将改变计算机应用的图形用户界面①还没有大范围推出。除非波兹曼碰巧有机会接触到罕见的施乐之星（Xerox Star）②——在1981年每台零售价约为16000美元，否则他可能完全无法想象当前这种形式的电脑。他很可能认为，想用电脑进行玩乐以外的操作，就得靠那些具有相当专业知识（类似于掌握一种新语言的专业知识）的人。当然，数字革命并不是这样展开的。

随着施乐之星演变成今天人们所熟悉的电脑界面，后来又演变为手机和平板电脑的触摸屏，除了玩游戏，在各种广泛的用途上，使用电脑的能力都不再与电脑编程的能力相联

---

① 图形用户界面（GUI）是指采用图形方式显示的计算机操作用户界面。与早期计算机使用的命令行界面相比，除了降低用户的操作负担之外，对于新用户而言，图形界面在视觉上更易于接受，学习成本大幅下降，也让电脑的大众化得以实现。——译者注

② 施乐公司（Xerox）是美国的一家文件档案管理、处理技术公司，产品包括打印机、复印机、数字印刷设备以及相关的服务和耗材。纽约州的罗切斯特是施乐公司的诞生地，现在仍是施乐公司最主要的办公地点。由于施乐在办公室光学设备，尤其是复印机方面的成功，在美式英语中甚至有将其品牌名称"xerox"直接当作"复印"（photocopy）的动词或名词之代用词的非正式习惯。此外，现在电脑中随处可见的图形化接口也是由施乐公司和旗下的帕罗奥多研究中心发明的。施乐公司1981年推出的"施乐之星"电脑，运行着图形用户界面（GUI），却未将之发扬光大，反而被苹果公司与微软公司抓住商机并将其应用在新商品中。——译者注

## 遗忘的尽头：与社交媒体一同成长

系了。正是由于施乐公司所开发的图形用户界面最终由苹果公司推广开来，2000年以后，人们完全可以在对电脑的内部工作原理一窍不通或不感兴趣的情况下用它去做许多事情。波兹曼没有预料到的另一件事情，是年轻人会比大多数中老年人更善于组装计算机和编程。与大多数其他语言不同，对这门新语言的熟练程度并没有随着年龄的增长而加深或扩展。到20世纪90年代末，毫无疑问，成年人并没有控制住数字革命。我们这个时代最普遍的数字工具与平台，从谷歌到脸书再到爱彼迎，都是由刚刚走出青春期的人所发明的。那么结局是什么？最终，不仅曾经存在的童年（即前电视时代）并没有恢复，而且波兹曼关于童年会消逝的担心也被证明是错误的。相反，一些意想不到的事情发生了。

20世纪80年代初，波兹曼和其他许多人看到儿童文化和成人文化之间的界限正在迅速消亡，主要是因为电视的无差别影响。解决办法是恢复平衡——重新建立这些曾经独立的文化之间的界限。波兹曼认为，如果我们能够重新回到那个前电视时代，儿童占据一个世界，成人占据另一个世界，那么童年就有希望存活到21世纪甚至更久。今天，童年与成年之间的区别已经重新出现，但不是以波兹曼所想象的那种方式。

在我们当前的数字时代，儿童和青少年文化是富有活力且积极健康的。大多数年轻人每天花数小时在网上探索着大多数成年人毫无兴趣的世界，后者对这些世界的接触也有限。但这就是真正的区别所在。在印刷的世界里，是成人来决定儿童可以和不可以接触什么——毕竟，成人操作印刷机，购买书籍，并掌控了图书馆。现在，儿童可以自由地建立他们自己的世界，更重要的是，他们可以用自己的内容来填充这些世界。或许并不令人惊讶，这些内容主要是以自我为中心（自拍是这一趋势的象征）。因此，从某种意义上说，童年仍然存在，但它的本质是什么，它是如何被体验和再现的，这些问题越来越多地掌握在年轻人自己手中。如果说童年曾经是由成人构建和记录的，并反过来传递给儿童（例如，在精心策划的家庭相册或一系列家庭录像片段中所呈现的那样），那么现在的情况不再如此。今天，年轻人不仅生产了图像，并且是在没有成年人的干预下将它们传播开来。

这使我们回到了本书试图要解决的问题。与波兹曼的预言形成鲜明对比的是，童年从未消逝。相反，它以一种新的、意想不到的方式变得无处不在。今天，童年与青春期比以往任何时候都要更加明显与普遍。正如我在本书中所展示的那样，这主要是由于儿童和青少年在历史上第一次广泛地获得了用以展现他们的生活所需的技术，这些再现的东西不断传播流通，并且往往在很少或是没有成人监督的情况下相互之间形成网络关系。如此，潜在的危险就不再是童年的消逝，而是出现一个永久童年的可能性。数字时代的真正危机不是童年的消逝，而是一个永远无法被遗忘的童年幽灵。

## 遗忘的尽头：与社交媒体一同成长

### 被遗忘的童年和无尽的童年

并非每个人都害怕一个难以甚至无法摆脱往事的世界。事实上，有很多人都对他们的童年记忆津津乐道，并为未能保存更多早年的纪念品和照片而感到遗憾。也有不少人想知道为什么他们的父母没有替他们保存这些珍贵的痕迹。还有一些人渴望找回过去的特殊经历，尤其是那些在冲突中被迫流离失所或大规模移民的经历。例如，20 世纪 30 至 40 年代生于欧洲的很多人在成长过程中就明显缺失其早期的家庭照片，他们的家人在逃离家园或被迫流离失所的时候不得已遗弃了这些照片。① 现在，也许是历史上第一次，我们有理由怀疑这种缺失的情况在未来是否还会存在。在进一步考虑生活在一个童年和青少年时期永远存在的世界——一个早期的数字足迹与成年后的自我一起潜伏其中的世界——可能意味着什么之前，我们有必要简要地研究一下仅仅几十年前，在现在这些孩子的父母和祖父母长大成人时，事情是多么的不同。

许多在 20 世纪中期成长起来的人缺少关于他们童年的记录。一些家庭由于政治冲突而被迫遗弃照片和其他纪念

---

① 历史学家玛丽安·赫希（Marianne Hirsch）将这种渴望与"后一代"——大屠杀幸存者的孩子联系起来，他们的童年是由经常伴随着创伤后压力的困惑构成的。Hirsch, "The Generation of Postmemory," *Poetics Today* 29, no. 1 (2008): 103–128.

品，而在其他情况下，可能根本就没有什么照片可以被带走。虽然摄影对于普通中产阶级家庭来说已经很普及了，但在成长过程中完全没有或是只有极少关于过去的记录痕迹的情况仍然很常见。①

第二次世界大战的创伤不仅导致了文档记录的空白，也导致了记忆的选择性空白。那些出生于20世纪60年代和70年代的人，他们的父母和祖父母往往选择将过去大部分或者完全隐藏。一些犹太家庭在把孩子抚养成人的过程中会选择不去提及他们是大屠杀的幸存者，甚至都不提他们是犹太人。② 而更大比例的德国家庭在养育他们的孩子时，则不会提及他们在战争期间做了什么或是在哪里。从20世纪50年代到80年代，许多家庭仍有可能隐藏这些秘密。一个犹太家庭可以假装他们从来没有做过犹太人。同样，一个前盖世

---

① 在《后记忆的一代》一文中，赫希认为摄影在后一代人的经历中发挥了深刻的作用。她认为，摄影技术有望为人们提供接触从未亲眼看见的事件的机会，成为大屠杀一代和后一代之间的桥梁。

② Julia Creet, "The Archive as Temporary Abode," in *Memory and Migration: Multidisciplinary Approaches to Memory Studies*, ed. Julia Creet and Andreas Kitzmann (Toronto: University of Toronto Press, 2011), 280-298.

## 遗忘的尽头：与社交媒体一同成长

太保①的成员或同情者也可以不谈他或她的过去。② 无论哪种情况，人们都有理由确信，当时不会突然从哪儿冒出来一张显示自己有罪的照片，从而暴露自己的家庭秘密或谎言。要知道，在20世纪的大部分时间里，要揭开一个人的家庭历史需要先进的研究技能，以及访问档案馆和挖掘大量文献所需的金钱与时间，这些文献往往还是用多数人并不熟悉的语言编写的，而且所有这些工作都没有今天的数据库和搜索引擎的帮助。

我在这里讨论二战后一代人的经历，主要是作为一个参照点。毕竟，令人震惊的是，今天的许多儿童和青少年的祖父母——在战争期间和刚刚结束战争的20世纪40年代和20世纪50年代出生的人——是在没有童年记录的情况下长大的。这种记录的缺失引发了20世纪末和21世纪初关于记忆

---

① 盖世太保（Gestapo）是纳粹德国时期的秘密警察，由党卫队控制。它在成立之初是一个秘密警察组织，后加入大量党卫队人员，一起实施"最终解决方案"。1933年春希特勒出任魏玛共和国总理，而赫尔曼·戈林接管普鲁士警察局。戈林于1933年4月26日成立政治警察组织盖世太保，核心成员为普鲁士警察。1934年在希特勒的调停下希姆莱的党卫队接管了盖世太保。二战爆发之后大量的盖世太保跟随德国国防军一同进入占领区，在那里建立了众多辅警部队。这些辅警部队全部听命于盖世太保，成为其机构的一部分。盖世太保秘密警察有"预防性逮捕权"。在纳粹德国时期，成千上万的共产党人、左派人士、异议人士、反抗军及犹太人等都未经法律程序被盖世太保投入集中营，其中大多数遭到拷问、虐待，或是直接处决。——译者注

② 自20世纪80年代以来，德国人，甚至在一定程度上也包括世界各地有德国血统的人，都把注意力转向处理他们的父母和祖父母与纳粹党的关系问题。一些德国人利用"家庭治疗"（Familienaufstellung）这种集体治疗的形式，来理解他们的家庭在大屠杀中的共犯关系。Burkhard Bilger, "Where Germans Make Peace with Their Dead," *New Yorker*, Sept, 12, 2017.

与遗忘主题的理论研究。① 如果不是因为这种缺失和相关的对记忆的压制塑造了战后时代，记忆研究在社会科学和人文学科中的兴起似乎是不可能出现的。② 记忆研究领域在很大程度上就是由探讨大屠杀创伤问题的犹太学者推动的，而德国学者也在设法处理他们的家庭和国家对其所犯暴行的沉默，这也不是一个巧合。③

专注于记忆的文化理论家们有一个惊人的共同点，那就是无论他们碰巧站在历史的哪一边，他们的研究往往都基于同一个预设：遗忘是记忆的敌人。记忆是神圣的，而遗忘是需要克服的东西。记忆被尊崇，遗忘被贬低。在《记忆、历史、遗忘》一书中，哲学家保罗·利科（Paul Ricoeur）④

---

① 参见 Hirsh, "The Generation of Postmemory."
② 在本书中，"记忆研究"是指 20 世纪 90 年代以来在社会科学和人文学科中出现的一个相对较新的领域。这个领域主要关注的是集体记忆，而不是个人记忆，后者是应用科学中更成熟的实验性记忆研究领域的主要焦点。社会科学和人文学科的记忆研究带有某种特定的伦理和政治内涵。在 2008 年《记忆研究》的创刊号中，苏珊娜·莱德斯通（Susannah Radstone）强调，记忆研究"涉及当代政治辩论和斗争前沿的许多问题的核心"，因为它关注的是过去在当前的持续存在。Radstone, "Memory Studies: For and Against," *Memory Studies* 1, no. 1 (2008): 31 - 39.
③ 有关这个领域的概述，参见 Jeffrey K. Olick, *The Sins of the Fathers: Germany, Memory, Method* (Chicago: University of Chicago Press, 2016).
④ 保罗·利科是法国著名哲学家、当代最重要的解释学家之一。曾任法国斯特拉斯堡大学教授、巴黎大学教授、朗泰尔大学教授，并担任过美国芝加哥大学、耶鲁大学和加拿大蒙特利尔大学等大学的客座教授。2004 年 11 月，被美国国会图书馆授予有人文领域的诺贝尔奖之称的克鲁格人文与社会科学终身成就奖。在《记忆、历史、遗忘》一书中，保罗·利科在细致研读亚里士多德、柏拉图、笛卡尔、康德、哈布瓦赫与诺拉等诸多思想家的基础上，考察了记忆、历史与遗忘三个主题之间的关系。——译者注

**遗忘的尽头：与社交媒体一同成长**

详细地探讨了记忆与遗忘之间的关系。正如他所观察到的："总的来说，遗忘是一种对记忆的可靠性进行攻击的体验。它是一种攻击，一个弱点，一个漏洞。在这个层面上，记忆至少首先将自己定义为与遗忘的斗争。"①

尽管当代文化理论界对遗忘有种种贬低，但与此同时，对于渴望继续生活的一代人来说，遗忘也是一剂广受欢迎的万能药。② 人们或许会说，在这一时期虽然遗忘被如此抨击，但未来已经开始依赖遗忘了。有些人甚至将遗忘作为一种生存方式来接受。在《证言》（*Testimony*）这本关于大屠杀后的见证与记忆的书中，精神分析学家多里·劳布（Dori

---

① Paul Ricoeur, *Memory, History, Forgetting*, trans. Kathleen Blarney and David Pellauer (Chicago: University of Chicago Press, 2004), 413.

② 我应该指出，虽然遗忘在社会科学和人文学科的记忆研究中主要带有负面的含义（因为该领域的重点是集体创伤和补偿行为），但在实验心理学中，它经常被赋予一种积极的意义。有关遗忘是一种必要且有益的功能的观点，参见 Benjamin C. Storm, "The Benefit of Forgetting in Thinking and Remembering," *Current Directions in Psychological Science* 20, no. 5 (2011): 291 – 295; Michael C. Anderson and Simon Hanslmayr, "Neural Mechanisms of Motivated Forgetting," *Trends in Cognitive Psychology* 18, no. 6 (2014): 279 – 292; Blake A. Richards and Paul W. Frankland, "The Persistence and Transciences of Memory," *Neuron* 94, no. 6 (2017): 1071 – 1084.

Laub)① 和文学评论家肖莎娜·费尔曼（Shoshana Felman）② 指出，对于那些选择不去忘记的人——那些选择铭记并把他们的记忆写成文字的人来说——代价往往是生命本身。"讲述这一行为本身可能就会给人带来严重的创伤……打破沉默的诗人和作家可能确实为这种行为付出了生命的代价［例如策兰（Celan）、阿梅利（Améry）、博罗夫斯基（Borowski）、莱维（Levi）、贝特尔海姆（Bettleheim）］。"③ 然而，劳布和费尔曼也认识到遗忘对这一代其他作家的复杂

---

① 多里·劳布是以色列裔美国精神病学家和精神分析师，耶鲁大学精神病学系临床教授。劳布本人是大屠杀幸存者，他与劳雷尔·弗洛克（Laurel Vlock）共同创立了大屠杀幸存者电影项目。该项目组织是福图诺夫（Fortunoff）大屠杀证词视频档案馆的前身，该档案馆是世界上第一个以视频录制大屠杀幸存者、目击者和旁观者的证词档案的档案馆。福图诺夫视频档案馆为在世界各地受到人权侵犯的其他群体提供录制证词方面的指导。多里·劳布基于采访过数百名幸存者和研究证词的经验，开发了一种强调倾听的采访技术，帮助证人将提供证词作为应对创伤的一种方式，尽管这本身就可能是一种痛苦和创伤。——译者注

② 肖莎娜·费尔曼是美国文学评论家，现任埃默里大学伍德拉夫比较文学和法语教授。她于1970年至2004年在耶鲁大学任教，并于1986年被授予 Thomas E. Donnelly 法语和比较文学教授职位。她的专长是19世纪和20世纪的法国文学、精神分析、创伤和证词，以及法律和文学。费尔曼在精神分析文学批评、表演理论、女权主义、大屠杀证词和其他领域从事研究工作，尽管她的作品经常质疑、讽刺或测试所采用的批判性方法的局限性。她的方法与解构主义有着密切的关系，为此她有时会与耶鲁学院和保罗·德曼等同事联系在一起。雅克·拉康对费尔曼产生了重大影响，她是将他的概念严格应用于文学研究的理论先锋之一。自20世纪90年代以来，费尔曼撰写了很多关于证词和创伤的文章，特别是在大屠杀和其他集体创伤的背景下。——译者注

③ Shoshana Felman and Dori Laub, *Testimony: Crises of Witnessing in Literature, Psychoanalysis, and History* (New York: Routledge, 1992), 67.

## 遗忘的尽头：与社交媒体一同成长

影响，包括前纳粹合作者，如哲学家保罗·德曼（Paul de Man）[1]。1983年德曼去世后，一位研究人员发现了他所著的200多篇以前不为人知的文章，这些文章是他在第二次世界大战期间为比利时的纳粹分子写的。这一发现使德曼的所有作品都受到质疑。但是，如果德曼选择遗忘他的这段生活和工作，忘记德曼可能不是唯一或正确的回应："当我们在'好人'和'坏人'这种自以为是的两分法中把德曼看成'纳粹'时，我们便彻底忘却了大屠杀是怎样的，而同时我们指责的恰恰就是德曼的遗忘，认为他的所作所为是不道德的……实际上，我们都以不止一种方式被卷入了德曼的遗忘和他的沉默中。"[2]

问题不在于人们是否应该原谅或忽略德曼的隐秘过去，而在于过度简化或建立遗忘的等级秩序所带来的危险。简而言之，在20世纪，遗忘就像是一根拐杖，为那些希望蹒跚走向未来的人发挥了显著的作用。如此多的幸存者们设法遗忘，并且随后从未将他们的记忆传承给他们的孩子，这意味着生活确实是以某种不正常的方式在继续下去（尽管并非

---

[1] 保罗·德曼是比利时解构主义文学批评家及文学理论家。他于20世纪50年代后期获得博士学位，然后曾于康奈尔大学、哈佛大学、约翰·霍普金斯大学及苏黎世大学任教，亦曾于耶鲁大学法语及比较文学系任教，部分解构主义耶鲁学派的思想正是在该处建立的。德曼于患癌症病逝后获颁耶鲁大学人文学科的斯特林教席。然而，人们发现了200多篇他在第二次世界大战时为敌方报刊所写的文章，其中一份报章更带有鲜明的反犹太人主义色彩，此发现令人重新审视他的生平及作品。——译者注

[2] Ibid., 122–123.

没有产生后果)。对于德国人和来自其他国家的纳粹合作者来说,例如德曼,其实遗忘也意味着在某种程度上恢复正常。然而,我想表达的并不是说遗忘——对大屠杀记忆的抑制——是一件值得庆贺的事情,而是说这种对过去的集体抹除是完全有可能的。

  考虑到现在的儿童和青年难民、移民的未来将是多么的不同,我们就不难理解,今天生于数字时代的儿童和青少年的祖父母们能够在不完全面对过去的情况下长大甚至变老是多么不同寻常。早期的大规模移民与目前来自叙利亚和北非部分地区的移民之间最显著的区别之一就是危急时刻被记录的程度,而且这种记录还不仅仅是出自新闻记者。在 2015 年和 2016 年的夏天,记者们讲述了不少移民抵达希腊和意大利海岸时的情形,他们除了身上的衣服和装有身份证明文件及手机的小型防水袋之外,什么都没有。这些手机现在被认为是一种必需品;2015 年,联合国难民事务高级专员向约旦的叙利亚难民分发了 33000 张用户识别卡(SIM),以及 85704 个用于给手机充电的太阳能灯。① 这些手机已经对 21 世纪移民的经历产生了深远的影响,因为他们现在记录下了他们的旅程以及沿途所发生的种种悲剧。这些图像不仅储存在他们的手机里,还在脸书和其他社交媒体平台上传播。图像中既有这些移民抵达新地方时的自拍——发布出来

16

---

① Matthew Brunwasser, "A 21st-Century Migrant's Essentials: Food, Shelter, Smartphone," *New York Times*, Aug. 25, 2015, A1.

## 遗忘的尽头：与社交媒体一同成长

让他们的家人和朋友知道他们已经安全到达目的地，也有过境时所遭遇的种种暴行的照片。当今天的年轻移民成年后，他们是否可以像上一代移民那样选择遗忘，抑或他们的旅程将会以数字痕迹的形式被他们自己和同行者发布流传，并由此潜伏在他们身边数十年？一方面，这些证据可能意味着他们永远不必从事恢复被压抑的记忆的艰难工作。另一方面，人们可能会问：他们将如何恰如其分地遗忘以便继续前行，并在当下过上一种完整而丰富的生活？

在第二次世界大战期间及之后，许多家庭成员彼此失去了联系——有时是多年，有时则是一辈子。相比之下，今天的移民往往与他们留在故土的家人和朋友有着密切的联系。当他们离开时，他们实际上也携带着他们的关系网络。但这可能会产生一些负面影响。那些被留下来的人大多会不断发送信息请求他们的帮助或是提醒他们家里的严峻形势，这可能使那些移民遭受巨大打击。[①] 此外，一个人究竟要如何才能背负着过去的图像记录走向未来呢？毕竟这其中有一些是令人痛心的事件。现今移民的生活和未来前景到底会怎样？这里的关键问题是对那些描述冲突和移民的照片的定位越来

---

[①] 2016 年《纽约时报》的一个系列报道讲述了关于移民到加拿大的叙利亚人的故事，其中有一对夫妇与他们过去的生活联系得如此紧密，以至于有时无法入睡或打理基本生活——不是因为他们的创伤，而是因为他们被迫离开的那些人的数字存在。Jodi Kantor and Catrin Einhorn, "What Does It Mean to Help One Family?" *New York Times*, Sept. 8, 2016.

越模糊。媒体学者芭比·泽利泽（Barbie Zelizer）[①] 指出，大多数关于大屠杀的照片，有时被称为"暴行照片"，是典型的公共记录，而不是私人文档。今天的移民，虽然仍然是纪实摄影的主题，但他们也在生产属于自己的图像，这些图像往往记录下了极其私人的时刻，而又最终出现在社交媒体平台上，因此反过来它们被重新组合为公共记录与集体记忆的一部分。[②]

一些研究证据表明，让一个人的过去保持存在——无论多么具有创伤性，事实上可能会使他向未来过渡得更加容易。叙述情境疗法（narrative exposure therapy）[③] 经常被用于对年轻移民和寻求庇护者的治疗，通过鼓励受害者叙述他们生活中的关键事件来治疗其创伤后应激障碍的症状。其前提是，通过在时间轴上定位事件，包括创伤性事件，并对其

---

[①] 芭比·泽利泽是美国宾夕法尼亚大学安南伯格传播学院的雷蒙德·威廉斯传播学教授和风险媒体中心主任。作为一名前记者，泽利泽以其在新闻、文化、记忆和图像方面的工作而闻名。她撰写或编辑了 14 本书，包括屡获殊荣的《关于死亡：新闻图像如何影响公众》（牛津，2010 年）和《记住要忘记：相机眼中的大屠杀记忆》（芝加哥，1998 年），以及 150 多篇文章、书籍章节和论文。她目前正在研究"冷战"如何推动新闻业发展，为此她获得了 2018—2019 年的 ACLS 奖学金。芭比·泽利泽教授利用她的奖学金开设题为"通过视觉记忆调解战争和种族灭绝"的博士生研讨班。研讨班在 2018 年春季学期末举行，一直持续到夏季，在柏林进行了为期两周的沉浸式体验。——译者注

[②] Barbie Zelizer, *Remembering to Forget: Holocaust Memory through the Camera's Eye* (Chicago: University of Chicago Press, 1998).

[③] 叙述情境疗法（NET）是一种短期心理疗法，用于治疗创伤后应激障碍和其他与创伤相关的精神障碍。它会为一个或一组患者的创伤经历创建书面记录，目的是使患者重新获得自尊，使患者感到自己的价值得到承认。叙述情境疗法于 21 世纪初在德国创建，它主要用于难民，无论是个人还是小团体。——译者注

## 遗忘的尽头：与社交媒体一同成长

进行描述，患者能够保持过去的创伤不会压倒未来。[1] 不难想象，数字档案将有助于完成这项任务。然而，若是诸如这些照片等个人档案持续地不请自来、脱离语境地重新出现，很可能就无法达到治疗的目的。如果大屠杀的儿童幸存者在成长过程中能够不断接触到他们还是儿童时所见证的那些暴行的照片和电影，会怎样呢？这能减轻他们的痛苦吗？这样直接甚至无情地接触过去，会不会使他们更容易面对他们儿童时期的创伤？在 1914 年的一篇文章中，西格蒙德·弗洛伊德（Sigmund Freud）[2] 区分了记忆与重复。他声称，重复一件事并不是为了记住它，而是为了表现被遗忘的东西："重复的被迫性……取代了记忆的原动力。"[3] 分析师的角色就是要打破无休止的循环重复——将病人从重复转移到记忆。问题是，通过照片和视频这些个人数字档案对过去进行访问，我们会将这种体验看作一种重复的形式，还是一种记忆的形式？在没有记忆的情况下产生的特定形式的重复，是否会不再困扰未来的世代？抑或，还会出现一系列新的

---

[1] Maggie Schauer, Frank Neuner, and Thomas Elbert, *Narrative Exposure Therapy: A Short-Term Treatment for Traumatic Stress Disorders*, 2nd ed. (Cambridge, MA: Hogrefe Publishing, 2011).

[2] 西格蒙德·弗洛伊德生于奥地利弗莱堡（今属捷克）的一个犹太家庭，是一位心理学家、精神分析学家、哲学家，他是 20 世纪最有影响力的思想家之一。他著有《梦的解析》《性学三论》《图腾与禁忌》等，提出了"潜意识""自我""本我""超我""俄狄浦斯情结""欲力""心理防卫机制"等概念，被世人誉为"精神分析之父"。——译者注

[3] Sigmund Freud, "Remembering, Repeating and Working-Through," in *The Standard Edition of the Complete Psychological Works of Sigmund Freud*, vol. 12, ed. J. Strachey (London: Hogarth Press, 1994), 151.

挑战？

任何读过博尔赫斯（Jorge Luis Borges）[①]的短篇小说的人都会认识到，终结遗忘必然会带来相应的后果，并产生一系列全新的弊病。在博尔赫斯的一个故事中，一个名叫伊雷内奥·福尼斯（Ireneo Funes）的人物从马背上摔下来，撞到了头，但当他从无意识状态中苏醒过来时，他遭遇到了一个新问题——能够生动地记住一切事物。对福尼斯来说，"现在的丰富性和清晰度几乎令人难以忍受，就像他最久远和琐碎的记忆一样"。福尼斯轻蔑地将自己的记忆称为"垃圾堆"。福尼斯显然没有理由重复过去而不去记住它（毕竟他什么都能记住），但如果要把他的这种情况说成是某种解放则完全是一种误导。[②]在《博闻强记的福尼斯》以及他的其他几篇在数字档案开始重组我们的日常生活之前的短篇小说中，博尔赫斯似乎预见到了永远无法忘记过去的风险。但对于儿童和青少年来说，以如此空前的规模背负着过去前行，其后果可能比对成年人还要严重。

---

[①] 博尔赫斯是一位阿根廷作家、诗人、翻译家，其作品涵盖短篇小说、短文、随笔小品、诗、文学评论、翻译文学等多个文学范畴，以隽永的文字和深刻的哲理见长。博尔赫斯出生于布宜诺斯艾利斯，他自幼沉浸在西班牙文和英文的环境中，爱好文学、哲学和伦理学。1914年举家迁往瑞士，博尔赫斯在那里接受教育后游历西班牙。1921年返回阿根廷后，他以作家身份出版诗歌，在文学周刊上发表散文，在图书馆工作并多次发表公开演讲。庇隆政府时期，他曾遭受政治迫害。博尔赫斯获得过多种文学奖项。其偏于保守的政治观点曾备受争议，并被广泛认为是其居于诺贝尔文学奖候选名单三十年之久却不曾获奖的重要原因。——译者注

[②] Jorge Luis Borges, "Funes the Memorious," in *Labyrinths: Selected Stories and Other Writings* (New York: New Directions, 1964), 63-64.

## 遗忘的尽头：与社交媒体一同成长

### 遗忘与被遗忘的价值

诚然，大多数人的童年都没有上一节所述的集体创伤。尽管人数众多，幸存者和移民仍然是世界上的少数群体。而且，即使是那些在童年阶段经受了巨大损失和暴力的人，往往也至少有一些记忆是他们希望带入未来生活的。因此，即使他们的童年远非完美，也很少有人真的渴望完全与彻底的遗忘。然而，大多数人在童年和青少年时期至少经历过一些他们宁愿自己忘记和让别人忘记的事件。例如，大多数人或许宁愿七年级日记中所记录的细节和在九年级纪念册中刊登的照片不要被公开传播。这些日记和纪念册中所记录的事件和生活阶段可能看起来微不足道，但对青少年来说，即使是小事也往往拥有重大的意义。的确，青少年特别容易对自我的认识产生偏差，通常是将其夸大。某人在九年级纪念册上的照片的具体内容其实并不重要，重要的是，许多青少年甚至把最微小的不完美当作无法克服的不足和羞耻的标志。谁愿意或是需要重复这种难堪的经历呢？

正如弗洛伊德所言，可耻和羞辱的经历是成长的一部分，这一事实可能解释了为什么童年的记忆经常被"来自后期的强大力量"所塑造。我们所记得的不过是一些场景，在这些场景中，我们始终是主角。这些并不是真正的记忆，而是对童年记忆的阐述，这些记忆积累了我们后来生活经历的所有包袱和审查冲动。弗洛伊德写道："如果对一个人所保留的回忆进行分析测试，很容易就能发现，人们根本无法保证这些回忆的准确性。有些记忆图片肯定是伪造的和不完整的，或者是在时间和地点上存在着偏差。"① 因此，不仅我们的童年会被遗忘或至少是被"掩盖"，即便是我们所记得的东西也通常不准确。② 事件被移植到不同的背景中，从未在同一地点居住过的人被放到了一起，在某些情况下，个别物体被用来代表我们某一时期的整个生活。

弗洛伊德的这些论断完全基于在分析师的沙发上所记录下来的观察，这在20世纪末受到了相当多的批评。而如今，他提出的这些已有百年历史的关于童年和遗忘的主张，至少有些得到了当代神经科学的支持。这并不是说我们对于遗忘已经有了一个明确的定义。遗忘，就像记忆本身一样，仍然

---

① Sigmund Freud, "Childhood and Concealing Memories," in *Psychopathology of Everyday Life*, trans. A. A. Brill (New York: Macmillan, 1915), 63.

② 尽管弗洛伊德的理论在一些学科中被广泛接受，但他的压抑概念仍未被普遍接受。在2006年一篇关于压抑的文章中，马修·埃德利（Matthew Erdelyi）说，科学心理学家不确定压抑是"精神生活的一个明显事实，还是一个彻头彻尾的（甚至是危险的）迷思"。埃德利本人认为，压抑是一个事实，他指出，实验室和临床研究都发现了相关证据，显示人们在对其他记忆进行阐述的时候省略了一些记忆，而且这样做还可能出于一系列别的原因。Matthew Hugh Erdelyi, "The Unified Theory of Repression," *Behavioral and Brain Science* 29, no. 5 (2006): 499 - 511. 在同一期杂志中，还有两篇批评埃德利研究的文章，参见Simon Boag, "Can Repression Become a Conscious Process?" 以及 Harlene Hayne, Maryanne Garry, and Elizabeth F. Loftus, "On the Continuing Lack of Scientific Evidence for Repression," *Behavioral and Brain Science* 29, no. 5 (2006): 513 - 514, and 521 - 522. 关于反对压抑概念的更多论点，参见 Lawrence Patihis, Scott O. Lilienfeld, Lavina Y. Ho, and Elizabeth F. Loftus, "Unconscious Repressed Memory Is Scientifically Questionable," *Psychological Science*, 25, no. 10 (2014): 1967 - 1968.

### 遗忘的尽头：与社交媒体一同成长

有着无数的定义和解释，这些定义和解释不仅在各个学科之间，而且往往在各个学科的内部都有所不同。然而，越来越明显的是，尽管遗忘可能是不受欢迎的，但它有时确实具有重要的功能。

21　　在 2014 年的一项研究中，神经科学家唐娜·布里奇（Donna Bridge）[①] 和乔尔·沃斯（Joel Voss）[②] 使用核磁共振扫描仪监测了参与者的大脑，发现有证据表明大脑"编辑"了记忆。记忆随着时间的推移被保留下来，但它们也不断地被覆盖以与时俱进。研究人员认为，海马体是大脑中与自传体记忆（autobiographical memory）[③] 有着密切关系的一个区域，它在使当前信息影响过去经历的记忆方面发挥了

---

①　唐娜·布里奇于 2012 年在美国西北大学获得神经科学博士学位，现就职于西北大学费恩伯格医学院医学社会科学系。她目前致力于用户体验研究（UX Research），利用其在认知神经科学方面的深厚知识来解决人们所面临的设计挑战。——译者注

②　乔尔·沃斯现为美国芝加哥大学神经科学教授与神经认知结果改善研究中心（Center NOIR）的主任。沃斯在美国西北大学获得神经科学博士学位。随后，他作为伊利诺伊大学厄巴纳－香槟分校贝克曼高级科学技术研究所的研究员进行了博士后研究。沃斯的实验室主要研究记忆障碍的神经科学，以及针对记忆障碍的新型脑刺激干预措施的开发，基于在记忆障碍领域的贡献，他获得了认知神经科学学会颁发的青年研究者奖和白宫科技政策办公室颁发的科学家和工程师总统早期职业奖（PECASE）。——译者注

③　自传体记忆（也称自传记忆）是一种关于自我信息的记忆。世界上有这么一群人，他们拥有超凡的记忆能力，可以毫不费劲地回忆起大约 10 岁以后生活中的每个细节。这群人也被称为自传体记忆人群。美国加利福尼亚大学尔湾分校的科学家分析了这群人的大脑和思维过程后，获得了一些有趣的发现——拥有自传记忆的人的大脑异于常人。自传记忆现象最早记载于 2006 年，加州大学尔湾分校的神经生物学家詹姆斯·麦高夫（James McGaugh）和同事在一位被称为"AJ"的女性身上发现了这种超凡的能力。自此，美国哥伦比亚广播公司（CBS）的著名新闻节目《60 分钟》和上百家媒体都做了相关报道。——译者注

重要作用。他们的结论是，遗忘，至少是部分遗忘，是普遍存在的，并且很可能具有特定的功能。当现在"过滤"过去时，它将确保旧的记忆与时俱进或确实是值得保留的。同时，不相关或不愉快的信息将被删除。[1]

因此，无论人们求助于精神分析还是神经科学，结论都是相似的：记忆非常不准确。它们总是受到某种形式的遗忘或至少是扭曲的影响。而且越往后，一个人的记忆就越是失真。人们可能会认为这只是因为童年更加遥远，但这并不能解释为什么一个60岁的人对他们20岁出头的记忆通常比一个20岁的人对其七八岁的记忆要准确得多。弗洛伊德认为，与某人的晚年记忆相比，童年的回忆（他也将其描述为"隐藏的记忆"和"屏蔽记忆"）与"国家的传说和神话"倒是拥有更多共通之处。[2] 换句话说，比起对具体事件的准确回忆，童年记忆是不时被调用的故事，以使不可恢复却很重要的时刻具有意义。但仍有一系列的问题未能得到解答：为什么童年时期的遗忘如此普遍？另外，只记住多年来有选

---

[1] Donna J. Bridge and Joel L. Voss, "Hippocampal Binding of Novel Information with Dominant Memory Traces Can Support Both Memory Stability and Change," *Journal of Neuroscience* 34 no. 6 (2014): 2203-2213.

[2] Freud, "Childhood and Concealing Memories," 64.

## 遗忘的尽头：与社交媒体一同成长

择性重演的特定场景，又有何目的？①

传说和神话都是为了解释那些本来无法解释的现象。如果我们的童年记忆属于这些类别，也许是因为成长本身就是一个困难且神秘的过程，只有借助神话才能完全理解。传说和神话在缺乏经验证据的情况下流传，尽管传说往往也以部分事实作为基础（足以呈现真实的外观，但不足以成为真实的反映）。但是，这种把我们的青春神奇地变成传说和神话的能力如果被剥夺，会发生什么呢？当我们无法再度成为这些自创故事的主角时，又会怎样？当我们对于童年的记忆不再主要基于具有现实外观的故事，而是基于文献证据，比如网上流传的童年照片和视频时，又将如何？

也许比遗忘的能力更重要的是被他人遗忘的能力。例如我们未来的朋友、雇主、爱人和孩子等永远不会遇到成熟之前的我们，如果说这件事重要，那是因为成熟既是知识的积累，也是遗忘的积累。事实上，成熟在历史上一直是关乎"向前看"的，在这个过程中，它与凸显童年和青少年期的许多尴尬事件保持距离。历史上，一些精心设计的仪式标志着一个年轻人进入成人世界的过程。在其中一些仪式中，遗忘甚至就是这个过程的一部分。人类学家阿诺尔德·范热内

---

① 越来越多的证据表明，所有人口结构的群体都有可能发生童年健忘症。例如，2005 年的一项研究调查了 6 至 19 岁的研究对象的记忆。尽管 6 至 9 岁的孩子比 10 至 19 岁的孩子能回忆起更早的事件，但在结构、社会倾向（例如，记忆是个人的还是其他参与者经历的）或回忆事件的性质方面几乎没有差异。Carole Peterson, Valerie V. Grant, and Lesley D. Boland, "Childhood Amnesia in Children and Adolescents: Their Earliest Memories," *Memory* 13, no. 6 (2005): 622–637.

普（Arnold van Gennep）① 在他 1909 年出版的《过渡礼仪》（*Les Rites De Passage*）一书中指出，成年礼通常要求即将成年的人"死亡"或表现出死亡的样子（通常使用致幻剂，如佩奥特仙人掌，以及鞭打或其他暴力手段来完成这一任务），其目的是"使这些即将成年的人忘记他以前的人格和他以前的世界"②。这些成年礼的基础乃是这样一种假设，即进入成人期需要完全脱离童年——通过有效地忘记过去来实现彻底的断裂。

这让我们回到了本章开头所提出的那个相当一般性的问题——今天的年轻人所面临的困境，即他们无法轻易销毁那些他们不再希望生活于其中的过去的痕迹。但问题并不仅仅是我们不能再秘密地销毁那些令人尴尬的照片。从模拟到数字的媒介转变至少在三个重要层面上影响着我们对于过去的体验。首先，现在比以往有更多年轻人的图像在流通。其次，历史上第一次，这些照片大多数是由儿童和青少年自己拍摄的。最后，我们当前时代的一个独特之处是不仅能够保存过去的图像，而且能够保存与这些图像相关的社会交往网络。一张在网上发布的照片通常与整个社交网络中熟悉与不

---

① 阿诺尔德·范热内普是法国人种学家和民俗学家。范热内普以其关于成年礼的研究工作和他在现代法国民间传说中的重要著作而闻名。他被公认为法国民俗研究的奠基人。他曾前往巴黎索邦大学学习，但对学校没有教授他想要学习的科目而感到失望。因此，他进入法国高等研究院学习语言学、一般语言学、埃及学、古阿拉伯语、原始宗教和伊斯兰文化。这种学术上的独立在他的余生中都有所体现。但他从未在法国担任过学术职务。——译者注

② Arnold van Gennep, *The Rites of Passage*, trans. Monika B. Vizedom and Gabrielle L. Caffee (New York: Routledge, 2004), 81.

### 遗忘的尽头：与社交媒体一同成长

熟悉的人统统联系在一起。由是，今天的年轻人将带入未来的不只是简单的数字图像和视频剪辑的档案，而是他们可能希望也可能不希望保留下来的整个社会情境。正是在此基础上，欧盟委员会起草了相关法案，提出"数据主体"应有权删除与自己有关的个人数据，特别是当他们还是儿童的时候所产生的数据。①

我写这本书的目的不是要论证数字媒介一定会伤害儿童。几乎每一种新的媒介技术都会引发对潜在危害的道德恐慌，而这种反应几乎总是建立在对儿童纯真性的错误预设之上。我也没有提出限制年轻人接触数字媒介的理由。相反，我的意图是要探讨，在我们进入的这个时代，当我们摆脱童年与青少年时期以及编辑我们童年记忆的能力似乎都面临巨大挑战的时候，将会发生什么事情。我们现在所面临的前景是那些被记录下的年轻时的人生会被连续循环地播放。毕竟与印刷成纸本的高中纪念册、个人相册或是装满纪念品的鞋盒不同，社交媒体平台上所积累的信息也是其他人的收藏的一部分。过去的痕迹现在被网络化了，被链接起来了，而且从来没有完全受到我们的控制。这意味着我们早年所形成的

---

① 欧盟委员会，关于"被遗忘权"裁决的概况介绍（C-131/12），https://www.inforights.im/media/1186/cl-eu-commission-factsheet-right-to-be-forgotten.pdf. 有点令人惊讶的是，除了已经出版的大量法律文献外，关于数字遗忘的文献并不多，特别是针对欧盟的《通用数据保护条例》，其中包括保护公民的"被遗忘权"的内容。对数字遗忘的最好的全面概述是 Viktor Mayer-Schönberger, *Delete: The Virtue of Forgetting in a Digital Era*, paperback ed. (Princeton: Princeton University Press, 2011).

社交网络很可能在我们成年后一直存在。我们所面临的不仅仅是一个从私人纪念品到共享纪念品的转变,也不只是从我们可以轻松地徒手摧毁纪念品到纪念品完全不受我们控制的转变,而且是一个摆脱过去的能力受到严重影响的世界的到来,这种能力甚至可能被试图保持我们过去网络完整的个人意愿所宰制。如果说我们曾经能够编辑或者**改写**我们的童年记忆,以便只携带相关的或可容忍的信息,那么我们现在正进入的则是一个我们与过去的关系不受我们控制的时代。我们的私人相册,以及我们的私人关系、姿态甚至欲望——视它们被数据化的程度而言——越来越多地属于他人。这些现在刚刚开始显现出的后果,必将对 21 世纪青少年的成长和离开家庭的意义产生深远影响。

# 第一章　社交媒体出现之前与之后的童年记录

25　　几个世纪以来,童年一直被以各种媒介记录和保存下来——从 17 世纪的贵族肖像,到家庭快照,再到用胶片或录像带拍摄的家庭电影。随着每个时代新型成像技术的出现,童年得到了不同类型的记录,亦产生了不同的后果。早期的肖像画往往试图在更广泛的社会或政治背景下对儿童进行象征性的定位,在最早的儿童照片中,他们几乎总是在摄影师的工作室里被孤立地呈现出来;但随着更多生活化的图像制作形式的出现,儿童的生活愈发被暴露出来。随着摄影技术走出摄影棚,转移到了人们的手中,哪怕是儿童的捣乱和哭闹行为也都可以被记录下来。随着便携式摄影技术的出现,儿童第一次能够从他们本身的角度来表现自己。这些转
26　变中的每一个其实都很重要,但与这些早期的图像制作相比,应该说数字时代有几个方面显得尤为突出。

　　在过去,儿童甚至青少年只有有限的手段来记录自己的成长经历,其原因有几个。首先,可用的技术设备往往是由

成人监控的，而且由于成本的缘故，儿童或青少年一般不太容易获得这些设备。其次，早期的媒介技术，从便携式胶卷相机到摄像机，通常是被用来记录重要事件的（例如学校音乐会、生日聚会和毕业典礼等），同样出于成本的考量，它们并不适合被用来记录日常生活中的点点滴滴。今天的自拍照所拍摄的许多内容在模拟摄影时代可以说根本不存在。最后，虽然人们有时会复制照片与祖父母或朋友分享，但个人照片几乎总是单个存在，并没有多个备份。这些照片是为了在私人范围内保存（如家庭相册），而不是为了广泛分享。家庭电影的情况也是如此。无论是用胶片还是录像带拍摄，大多数家庭电影都是独一无二的作品。不过随着数字摄影与视频的引入、相机与手机的融合，以及社交媒体平台的发展，这些限制在很大程度上已经消失了。数字媒介和社交媒体平台深刻地改变了流通中的图像的生产、内容和数量，以及这些图像在当前与未来的潜在受众。

## 在摄影出现之前表现儿童与童年

甚至在童年作为一个概念被广泛认可之前，儿童就已经在艺术作品中得到体现了。这些表现形式可以在古代的骨灰盒上找到，也可能被编织在中世纪的挂毯上。然而，对童年场景本身的表现却非常罕见。直到16世纪末，画家们才开

## 遗忘的尽头：与社交媒体一同成长

始将儿童和童年作为主题，即使如此，也只是昙花一现。[1]

例如，在阿尼巴尔·卡拉齐（Annibale Carracci）[2]的画作《两个孩子逗弄一只猫》（1587—1588年）中，观众看到的场景似乎是对16世纪童年的惊鸿一瞥。在这幅画中，一个年轻的女孩看着一个年纪稍大的男孩用小龙虾逗弄一只橘色的猫。《两个孩子逗弄一只猫》既不是一个孩子的画像，也不是孩子与家人的合影，而是作为儿童生活在儿童世界的罕见表现脱颖而出，这里有游戏，有宠物，最值得注意的是没有出现一个成年人。

在16世纪末至17世纪中叶，更常见的是家庭画像。在这些画像中，孩子们溜进了背景中，有时甚至比画中用以突显一家之长知识兴趣的那些物品更不重要。[3] 这在夏尔·勒

---

[1] Philippe Ariès, *Centuries of Childhood: A Social History of Family Life*, trans. Robert Baldick (New York: Vintage, 1962); Jenifer Neils and John H. Oakley, *Coming of Age in Ancient Greece: Images of Childhood from the Classical Past* (Hanover, NH: Hood Museum of Art, 2003).

[2] 阿尼巴尔·卡拉齐是一位意大利画家，巴洛克时期的代表人物之一。他与其兄阿戈斯蒂诺·卡拉奇、堂兄卢多维科·卡拉奇合称为卡拉奇兄弟，他们共同创办了博洛尼亚卡拉奇学院（Accademia dei Carracci）。卡拉奇深受柯雷乔、拉斐尔等人的影响，其画风反风格主义而强调复兴古典主义。其代表作包括法尔内塞宫湿壁画《众神之爱》《逃亡埃及途中的风景》等。——译者注

[3] 菲力普·阿里耶斯（Philippe Ariès）指出，直到17世纪，家庭画像才开始以孩子为中心。(*Centuries of Childhood*, 46-47)。

第一章　社交媒体出现之前与之后的童年记录

布伦（Charles Le Brun）[1] 1660年的大型家庭肖像画《埃弗哈德·贾巴赫（1618—1695）和他的家人》中得到了证明。在这幅画中，贾巴赫有着令人印象深刻的物品收藏，这些物品包括书籍、画作、古代半身像和一个天体球，相较而言贾巴赫的四个孩子似乎只是扮演着次要角色。但在勒布伦的贾巴赫家族画像中，孩子们显然被描绘成了孩子——也就是说，他们的衣着和在私人住宅中的位置表明他们过着某种程度上受保护的生活。然而，在这一时期的欧洲许多其他绘画作品中，儿童仍然被描绘成微型的成年人。这倒不是特别令人惊讶，因为在欧洲，童年的概念并没有在所有阶层同时出现。[2] 在让·米其林（Jean Michelin）[3] 1656年的画作《面

---

① 夏尔·勒布伦是17世纪的法国宫廷画家，曾为凡尔赛宫和卢浮宫做过大量的壁画和天顶画，被路易十四称为"有史以来法国最伟大的艺术家"。1648年，以他为首的12位法国宫廷画家在路易十四的支持下创办了皇家绘画与雕塑学院。勒布伦成为第一任院长。他为学院确立了一整套严格的准则。在创作题材上，历史类题材地位最高，人物肖像次之，风景和静物排在末位。在表现手法上，力图追求严谨的构图、完美的人物造型、准确的空间透视和细腻的笔法。这一系列规则对法国学院派产生了深远影响。——译者注

② 在《童年的世纪》中，阿里耶斯声称，童年的概念最早出现在16世纪初。这一论点受到了广泛的批评。虽然许多批评者提到了阿里耶斯的方法论错误，但也有人指出，他没有注意到阶级差异。例如，劳伦斯·斯通（Lawrence Stone）指出："阿里耶斯的书实际上是一部法国学校的历史，也是上层和中产阶级父母与儿童的历史，它缺乏必要的时间、地点、阶层和文化的历史背景。作为一本引人入胜的前瞻性著作，它现在被认为在方法和结论上都存在严重的缺陷。"Stone, "The Massacre of the Innocents," *New York Review of Books*, Nov. 14, 1974.

③ 让·米其林是17世纪的法国新教画家。米其林在他的职业生涯中最初是一个班波切蒂（Bambocciantli，即一个通常创作小型橱柜画及乡村下层阶级日常生活的蚀刻画的流派）画家。他后来开始涉足宗教主题的绘画，其著名作品之一是《牧羊人的崇拜》，该作品目前收藏于卢浮宫。——译者注

039

## 遗忘的尽头：与社交媒体一同成长

包师的车》中，一个面包师站在他的面包车旁，身旁是一个兜售货物的老年妇女和另一个成年男子，以及四个孩子。在这里，儿童和成人之间的区别仅仅通过身高差别来表示。在衣着、活动和表情方面，孩子们与成年人几乎没有区别，他们似乎在这个世界上没有特殊的位置或角色。

到了 18 世纪和 19 世纪初，欧洲画家开始更为频繁地将童年作为一个主题。例如，18 世纪的法国画家让·西梅翁·夏尔丹（Jean Siméon Chardin）① 就描绘了儿童所参与的至今依然很常见的活动。《搭建纸牌屋的男孩》（18 世纪 30 年代）展示了一个小男孩独自玩一副纸牌的场景。在这幅画现有的四个版本中，有一个版本显示小男孩穿着围裙，这可能是为了表明他的仆人身份而特意添加的细节。夏尔丹的《搭建纸牌屋的男孩》系列中包含了贵族和工人阶级的孩子，这表明人们对童年及其作为有别于成年的特殊生活时期的意识和关注日益增强。当然，即使在夏尔丹提供的关于童年的近乎纪实的视角中，观众所接触到的童年也完全是由画家自身的成人目光所框定的。

毫不奇怪，在 16—18 世纪，儿童无法表现自己。在这一时期，自我表现对于成年人来说也是新鲜事儿。随着活字

---

① 夏尔丹是 18 世纪的法国画家，他是著名的静物画大师。夏尔丹出生于巴黎，父亲是制造台球桌的匠人，他几乎一生没有离开过这座城市。在夏尔丹所处的年代，法国盛行洛可可画风，以历史题材为主，他的画作所选的却都是小题材，他喜爱描画室内静物，天真而没有感情的儿童画像，但他的画作仍然受到当时和后来人们的欣赏。——译者注

## 第一章　社交媒体出现之前与之后的童年记录

印刷术的发明，识字率急剧上升，中世纪以口语为主、重视集体和公共活动的社会，让位于更加私人化和个人化的社会，个人主体的地位得到提高。印刷术所带来的诸多变化还包括大量新文体的出现，如散文和日记。[1] 但是，如果说成年人，至少是某一类成年人，发现了通过写作和阅读来探索自己内心世界的自由，那么，早期印刷文化对儿童的影响则要深远得多。

许多历史学家认为，活字印刷术的发明所带来的众多深远影响之一，便是成人与儿童文化之间的分离。[2] 但是，如果由此断定印刷术影响儿童的唯一方式就是将他们从成人世界中驱逐出去，那就错了。随着儿童越来越多地游离于他们曾经隶属的成人世界之外，新类型的书籍出现了，其主要目的就是规范儿童应该学习什么、做什么，甚至是想什么。从15世纪到18世纪，教育学指南、育儿书和行为手册等都属于市面上最受欢迎的书籍种类。为如何抚养和教育儿童提供建议的指南书是许多早期出版商的主要收入来源。当然，儿童是这些文本的主体，而不是作者。因此，虽然这一时期的画家很少将儿童作为主题，但儿童在印刷品中却被给予了充分甚至是过度的关注。涉及儿童的有教育小册子、育儿指南、

---

[1] Cecile M. Jagodzinski, *Privacy and Print: Reading and Writing in Seventeenth Century England* (Charlottesville: University Press of Virginia, 1999), 12.

[2] Elizabeth Eisenstein, *The Printing Press as an Agent of Change: Communications and Cultural Transformations in Early Modern Europe* (Cambridge: Cambridge University Press, 1979), 431.

## 遗忘的尽头：与社交媒体一同成长

启蒙读物、行为手册、家庭手册和教义问答书等。这些手册就像对待一台机器一样对待孩子——所谓机器，即由独立的部件组成，每个部件都需要特别的关注——由此，对如何使围绕孩子的一切事物正常工作提供指导。教育小册子和教学指南所针对的是孩子的思想，育儿指南和家庭手册针对的是孩子的身体和社会福祉，而行为手册和教义问答书则试图规范孩子的道德发展。关于儿童的所有部分都被触及了。这种趋势后来导致米歇尔·福柯（Michel Foucault）① 将儿童与病人、疯子和囚犯一同归为被过度记录的对象，又将其归为陷入沉默的对象。福柯写道："这种将真实的生活变成文字的做法"，可以看作"物化和征服的过程"。正是在这种情况下，学校被建立起来，在那里，教学"用很少的话语，没有解释，是一种只能被信号中断的完全的沉默"②。

在童年被发明之后的前四个世纪，儿童保持着可怕的沉默。他们被看到，偶尔在艺术作品中通过成人的目光被表现出来，并在各式各样的话语（教育、道德和医疗）中作为主题被探讨，但他们很少被听到或是被允许表现自己。用光线来书写，即摄影，将最终把童年带出禁闭它的黑暗角落，

---

① 米歇尔·福柯是法国哲学家和思想史学家、社会理论家、语言学家、文学评论家、性学家。他对文学评论及其理论、哲学（尤其在法语国家中）、批评理论、历史学、科学史（尤其是医学史）、批评教育学和知识社会学等领域有很大的影响。他被认为是一个后现代主义者和后结构主义者，但也有人认为他的早期作品，尤其是《词与物》还是结构主义的。尽管他本人对这个分类并不欣赏。——译者注

② Michel Foucault, *Discipline and Punish*, trans. Alan Sheridan ( New York: Vintage, 1977), 192.

更重要的是，它将为儿童提供进行自我表达所需要的工具。

## 摄影时代的儿童与童年

尽管在 18 世纪，儿童和童年越来越多地被描绘在画作中，但儿童表现自己生活的手段仍然有限。这在很大程度上反映了这样一个事实：虽然儿童可能确实在他们的素描和涂鸦中描绘过自己，但绘制肖像是一项需要经年累月才能够掌握的技能。简而言之，因为儿童从来都不是绘画大师，所以在摄影出现之前的时代里，儿童的自我表现是非常罕见的。然而，有了摄影，儿童终于能够表现他们自己的生活了。随着时间的推移，照片将在记录童年方面发挥不可或缺的作用，甚至它还会推动新的摄影技术的发展。但这种转变绝非一蹴而就，需要近一个世纪的时间才能实现。

尽管照相机的实验可以追溯到古代，但摄影术的发明通常被定位在 19 世纪初，当时法国和英国同时出现了几个实验及随后的几项专利。推动摄影术早期发展的激烈竞争有助于迅速将这种新的图像制作媒介从一个神秘的过程转变为不断增长的商业应用和市场。至 19 世纪 40 年代，商业摄影的模式已经在许多欧洲城市建立起来了。1847 年，仅在巴黎就售出了两百多台相机和约 50 万张印版。19 世纪 50 年代，随着特定冲洗过程的专利权进一步放宽，摄影作为广大人民的媒介和为民众服务的媒介，地位持续提升。到 1861 年，

## 遗忘的尽头：与社交媒体一同成长

有超过 33000 名巴黎人声称以摄影及相关行业为生。①

摄影术在欧洲发展成一个主要产业，与肖像摄影的普及有很大关系。虽然除了最有特权的家族，肖像画对绝大多数的人来说依然是遥不可及的，但自从有了摄影，肖像制作变得越来越容易实现。到 19 世纪中叶，即使是普通的工人家庭也能买得起至少一幅家庭肖像。随着摄影产业在该世纪的不断发展，人们不需要住在大城市或是前往大城市就能获得肖像制作服务。到了 19 世纪 60 年代，许多小村庄已经有了摄影工作室，旅行厢车甚至把摄影工作室带到了最偏僻的边远村落。②

毫不意外，无论是自己单独出现还是和父母一起，儿童都是早期肖像摄影师最喜欢的拍摄对象之一。在摄影术出现的时候，童年的概念已经在西方文化中牢牢扎根，儿童已经成为人们探究（从医生到教育家）和喜爱的对象。摄影为成年人提供了一种更切近地研究儿童的方法（借助相机，人们可以观察到肉眼不容易看到的现象），并使得庆祝甚至保存这个现在受人尊崇的生命阶段成为可能。对儿童与童年的这种关注，再加上摄影媒介的相对可及性，也意味着到了 19 世纪末，很少有儿童能成功地躲开摄影师的镜头，而到

---

① Helmut Gernsheim and Alison Gernsheim, *The History of Photography: From the Camera Obscura to the Beginning of the Modern Era* (New York: McGraw-Hill, 1969), 119, 234.

② Ibid., 234.

了20世纪末,几乎没有儿童能做到这一点。① 事实上,当柯达公司于 1916 年开始出版其商业杂志《柯达天地》(Kodakery)时,儿童摄影的领域已经被牢固确立了。《柯达天地》的内页上充斥着婴儿和儿童的照片。正如现代的广告一样,这些照片经常伴随着与婴儿或儿童没有明显联系的促销宣传。该杂志还定期刊登与儿童有关的摄影技巧,例如怎样才能最好地拍摄躁动不安的幼儿,以及如何创建孩子长大后可以乐在其中的回忆相簿等。②

当《柯达天地》进入社会流通时,摄影界的另一个变化是:儿童自己也有了拍照的能力。在 19 世纪的大部分时间里,儿童仍然像在绘画和印刷时代那样保持着沉默。这是由两个技术限制造成的。首先,照相机很大、很重、很复杂,这使得小孩儿即便会使用,也很难操作。其次,在卷筒胶片发明之前,摄影师必须自己冲洗胶片,而且要非常快。摄影板在拍摄后几乎必须立即冲洗,否则图像就会永久丢失。鉴于冲洗照片所需的知识、技能和速度,19 世纪的儿童很少有机会参与自己的图像制作。

有两项技术发展对摄影和儿童表现自己生活的能力产生了永久性影响。19 世纪末出现了第一台袖珍相机,它轻便、

33

---

① 即使是在幼儿时期死亡的儿童也经常被拍照。事实上,给夭折的婴儿和儿童摄影在 19 世纪是一种普遍的做法。参见 Beth Ann Guynn, "Postmortem Photography," in *Encyclopedia of Nineteenth-Century Photography*, ed. John Hannavy (New York: Routledge, 2008), 1165.

② 针对业余摄影爱好者的杂志《柯达天地》首次出版于 1913 年;本书中的所有参考文献指的都是加拿大柯达有限公司在多伦多出版的版本。

### 遗忘的尽头：与社交媒体一同成长

易于使用、便于携带。更为重要的是19世纪90年代末卷筒胶片的发明。有了卷筒胶片，任何人都可以拍摄照片，并将冲洗工作外包出去。卷筒胶片在此后近一个世纪里一直主导着摄影。为了使这个新的、更简单、更安全的过程更具资本价值，企业家乔治·伊士曼（George Eastman）[①]还做了一件对儿童表现自己的生活和童年本身的能力有着重大影响的事情：他发明了一种专门为年轻人设计的相机。

## 专为儿童设计的媒介技术

随着柯达布朗尼相机的问世，摄影从一个只有专业人士和严肃的业余爱好者才能使用的图像制作媒介转变为一项可以被广泛使用的技术。伊士曼巧妙地选择了布朗尼这个名字，它来自维多利亚时代流行的儿童书系列，即帕尔默·考克斯（Palmer Cox）的《布朗尼》，书中有一些调皮的小卡通人物就叫作布朗尼。正如乔治·伊士曼大厦的技术馆长托德·古斯塔夫森（Todd Gustavson）所观察到的："考克斯的布朗尼们在相机的包装盒和广告上窜来窜去，以确保孩子们知道布朗尼是专门为他们制作的。"每台布朗尼相机都有一

---

① 乔治·伊士曼是一位美国发明家，也是柯达公司的创办人以及胶卷发明人。伊士曼1854年出生于美国纽约，少年时代就已经投身社会工作，曾在保险公司和银行担任底层职位。后来他一心研制摄影器材，于1878年发明了一种涂有一层干明胶的胶片。在此之前，感光底片都是湿片。1881年他创立了伊士曼干板制造公司，即柯达公司的前身。1886年伊士曼又研制出卷式感光胶片，同年新式照相机也研制成功。——译者注

本 54 页的小册子，介绍了摄影技巧并邀请新机持有者加入布朗尼相机俱乐部。这种相机在很大程度上就是作为一种玩具被开发出来的，其价格相对低廉，只需 2 美元（大约相当于今天的 60 美元）。由于价格低廉，布朗尼相机最终获得许多新的成年摄影师的青睐，但该相机主要是作为未来的摄影师的入门款相机来销售的。① 布朗尼相机是通过吸引最年轻的消费者来建立品牌忠诚度的一个早期例子。

布朗尼相机的问世完成了两件以前的媒介技术从未尝试过的事情。首先，布朗尼相机将相机变成了玩具，将摄影变成了游戏，从而使儿童有能力从自己的角度来表现自己的世界。再者，它展示了一种新技术的发展，这种技术是由儿童而非成年人的需求和欲望所驱动的。

在布朗尼相机发明之前，从印刷机到电报机再到打字机等新媒介技术，都是为了满足成年人的需求，是为了促进工作而不是游戏。伊士曼明白，他得关注业余爱好者和儿童的需求，关注游戏而非工作的价值。② 当我们意识到继布朗尼相机之后，儿童和青少年直到 20 世纪 70 年代才在新媒介技术的发展中发挥重要作用时，伊士曼的洞察力和他据此所做

---

① Todd Gustavson, *Camera: The History of Photography from Daguerreotype to Digital* (New York: Sterling Innovation, 2009), 140 (quotation), 162.

② 伊士曼曾对他的员工说："我们在工作时间做什么，决定了我们在这个世界上拥有什么。我们在游戏时间做什么，决定了我们是什么。"这句话表明，伊士曼不仅重视游戏，甚至可能将其视为可以转化为宝贵资源的东西。参见 Elizabeth Brayer, *George Eastman: A Biography* (Rochester, NY: University of Rochester Press, 2006), 346.

### 遗忘的尽头：与社交媒体一同成长

出的决定的意义就显而易见了。正是在这个时候，雅达利公司①开始以年轻消费者为中心开发游戏。到20世纪70年代末，雅达利公司还成立了一个家用电脑部门，其任务便是生产价格低廉、适合儿童使用的电脑，以使其能够与当时市场上的苹果电脑竞争。1976年成立的苹果公司的联合创始人史蒂夫·乔布斯（Steve Jobs），曾是雅达利公司的一名成功的游戏开发者，他显然从该公司的洞察力中汲取了经验，即为普通消费者——包括非常年轻的消费者——而不是为企业高管开发技术的价值。今天，乔布斯的历史贡献主要在于他决定追求这种商业模式，但就这一点而言，他的功劳可能会被伊士曼取代。布朗尼相机的历史表明，乔治·伊士曼在乔布斯出生前半个多世纪就认识到了为普通消费者开发技术的价值。②

布朗尼相机在市场上的销售时间超过了70年。在该相机存在的第一个10年里，柯达发布了50多个不同的型号，以努力完善其原型并持续吸引不断扩大的市场。③ 在接下来

---

① 雅达利公司由诺兰·布什内尔和泰德·达布尼于1972年在美国加利福尼亚州森尼韦尔建立，亦是街机、家用电子游戏机和家用电脑的早期拓荒者。不少诸如《乓》《爆破彗星》等的经典早期电脑游戏的发行，使雅达利在电子游戏历史上举足轻重。经典游戏主机为1977年发行的雅达利2600。——译者注

② 布朗尼不仅仅是一个成功的相机型号，而且代表了一种创新的营销方式。早期，伊士曼柯达公司就认识到了生产小型尺寸和多种颜色设备的价值。就像苹果公司的iPod和iPhone一样，1957年版小巧的布朗尼星闪相机（Brownie Starflash）就有多种颜色，包括黑色、红色、白色和蓝色，还有一个以可口可乐为主题的特别版。参见 Gustavson, *Camera*, 153.

③ Gustavson, *Camera*, 153.

## 第一章　社交媒体出现之前与之后的童年记录

的 40 年里，又有近 200 个型号进入市场。在这段时间里，人们越来越多地通过摄影来体验童年，而柯达公司似乎也完全意识到，其价格低廉的便携式相机在这一转变中发挥了重要作用。在 1923 年的一期《柯达天地》杂志中，一位评论家对我们记忆童年的能力进行了哲学反思，他写道："柯达是记忆的伙伴———一个沉默的伙伴，却能够非常雄辩，一言不发就能提出许多有趣的建议。"① 在 1923 年的另一期杂志中，柯达相机被宣传为不仅是对遗忘问题的补救措施，也是对人类记忆中夸大过去创伤性事件倾向的补救措施。"我出生的时候还没有任何柯达相机，"这篇文章的作者感叹道，"但我一直希望有一张我第一次在那个小红砖校舍里上学，用一个奇怪的锡桶装着我的午餐的滑稽照片。我对这事儿是有记忆的，而且这记忆有着可怕的戏剧性。但我还是想拥有这样一张照片。"这位作者反思道，有了照片的帮助，不仅可以更容易地记住过去，还可以避免记忆的"诡计"，这些诡计常常夸大或模糊个人的记忆："记忆有一个令人欣慰的诡计，它把快乐的时刻表现得非常鲜明，而把不愉快的时刻模糊得很厉害。"② 作者的意思很清楚：有了自己的柯达相机，就可以避免压抑不愉快的时刻，也有可能避免把小事记成比现实中的真实情形更戏剧化或更为重要的情况。因此，柯达相机在市场上的定位既是记忆的辅助工具，也是重要的

---

① Hazen Trayvor, "'Step-in' Pictures," *Kodakery* 10, no. 8 (June 1923), 5.
② "The School Bell," *Kodakery* 10, no. 12 (Oct. 1923), 5.

## 遗忘的尽头：与社交媒体一同成长

36 矫正工具——一种阻止人们通过移位记忆来回忆童年的方式。移位记忆即弗洛伊德在十年前所描述的"屏蔽记忆"（screen memory），可以有效地掩盖、扭曲一个人的童年经历（特别是创伤性经历）。[1]

从某种意义上说，布朗尼和其他价格低廉、使用方便的相机在两个层面上影响了童年。由于布朗尼相机在儿童和成人中推动了摄影的普及，童年被越来越好地记录下来。因此，童年也开始借由照片被更好地记忆和理解。更重要的是，布朗尼相机第一次为儿童提供了一种可行的方式来进行自我展示。然而，布朗尼相机并非没有其内在的限制。

许多人都有能力购买布朗尼相机（事实上，在20世纪初至中期，成千上万的儿童都伴随着这种型号的相机长大），但在布朗尼相机的整个市场主导期，购买和冲洗胶片的成本仍然是一大障碍。早期的布朗尼相机配件中，相机胶卷的售价为15美分一卷，且每卷只提供6次曝光。[2] 虽然15美分看起来微不足道，但在1910年，一些美国工人每小时的收入仍然不到20美分，即使是工会的技术型商人的时薪也很少有超过50美分的。[3] 仅仅12张照片的成本就可能

---

[1] Sigmund Freud, "Screen Memories," in *The Standard Edition of the Complete Psychological Works of Sigmund Freud*, vol. 6, ed. J. Strachey (London: Hogarth Press, 1960), 43–52.

[2] Gustavson, *Camera*, 142.

[3] U. S. Department of Labor, Bureau of Labor Statistics, "Union Scale of Wages and Hours of Labor, 1907 to 1912," *Bulletin of the United States Bureau of Labor Statistics* 131, Aug. 15, 1913, https://fraser.stlouisfed.org/files/docs/publications/bls/bls_0l3L1913.pdf.

# 第一章 社交媒体出现之前与之后的童年记录

超过一个成年工人每小时的工资。那么，对于大多数儿童来说，每天拍摄 20 张或者更多照片的做法——当然现在已经很普遍——是不可想象的。但这并不是布朗尼和其他 20 世纪的胶卷照相机的唯一限制。

在模拟摄影的世界里，人们可以表现的内容也受到了限制。其中一个考虑因素便是成本——摄影师必须决定哪些内容具有足够的纪念价值，值得花钱去冲洗。审查制度是另一个考虑因素。任何人，只要没有自己的相机，没有自己的显影盘和打印材料，或者没有加入摄影俱乐部，没有梦寐以求的暗房，就要被迫把他们的胶片拿到当地的摄影店进行冲洗。① 大多数人对那些后来在 20 世纪 60 年代到 80 年代遍布北美购物中心停车场的摄影店或孤零零的照相摊（Fotomat booths）工作的人员都不怎么在意。但在这些相馆和非现场冲洗实验室工作的人的确查看了照片，甚至有时还进行了审查。1986 年，《芝加哥论坛报》发表了一篇关于南希·昂格尔（Nancy Unger）的短文，她是在伊利诺伊州艾迪生这个城市一家大型照相摊加工厂值夜班的众多隐形眼睛之一。除了无数的风景和生日聚会场面，昂格尔还声称看到了数以千计放在棺材里的尸体，一对对的臀部，甚至精心策划的家庭色情场景。用昂格尔的话说，"在这份工作中，你会意识到

---

① 一些早期的儿童相机配有冲洗套件，包括米老鼠少尉相机（Ensign Mickey Mouse camera，约 1935 年）和理想玩具公司的甜点相机（Kookie Kamera，约 1968 年）。参见 Gustavson, *Camera*, 162-163.

遗忘的尽头：与社交媒体一同成长

真的有很多奇怪的人"[1]。虽然照相摊和大多数显影剂公司一样，即便对冲洗最淫荡的照片也采取相对宽松的政策，但法律规定它必须报告任何涉及儿童的色情制品。对于青少年来说，法律是一个挑战。虽然成年人通常可以在制作自己的淫秽自拍后逃脱罪责，但青少年拍摄自己或互相拍摄的类似照片则会被标记为潜在的儿童色情制品。[2] 因此，在模拟时代，除了父母的窥视，儿童和青少年的自我呈现通常还会受到来自外部和自我的审查。然而，有一种摄影技术提供了近似于现在使用数码照相手机的自由程度——宝丽来。

## 青年文化与宝丽来

如果说有一种技术多少预见到了一些 21 世纪照相手机的潜在图像制作功能，那倒不是布朗尼相机，而是宝丽来相机——更确切地说，是宝丽来 Swinger。尽管即时成像照相机在 20 世纪 40 年代就首次推出，但直到 20 世纪 60 年代中期，埃德温·兰德（Edwin Land）[3] 才开发并销售其兰德相

---

[1] Quoted in Eric Zorn, "Reeling Off America at Its Weirdest," *Chicago Tribune*, Jan. 13, 1986, A1.

[2] Monique Mattei Ferraro and Eoghan Casey, *Investigating Child Exploitation and Pornography: The Internet, the Law and Forensic Science* (New York: Elsevier, 2005), 14.

[3] 埃德温·兰德是一位美国科学家和发明家，以宝丽来公司的联合创始人身份而闻名。他发明了廉价的偏振光滤镜、实用的相机内即时摄影系统和色觉的视网膜理论等。他的宝丽来即时摄影机于1948年年底上市销售，使在60秒或更短时间内拍摄和冲洗照片成为可能。——译者注

# 第一章　社交媒体出现之前与之后的童年记录

机的平价版本。① 和布朗尼相机一样，兰德的即时成像照相机首先是为年轻摄影师设计的。与布朗尼相机不同的是，它的主要销售对象是青少年，而不是儿童。② 兰德显然知道，这一人群不仅在人口中占有相当大的比重——主要是由于第二次世界大战后的婴儿潮——而且是一个容易受到影响的消费者群体。因此，当他开始生产大众市场版本的即时成像照相机时，他将青少年的需求和欲望考虑在内。这款被称为"赶时髦的人"（Swinger）的照相机很有趣，价格也较为低廉，并在诸如《美国女孩》等以青少年为主要读者的杂志，和20世纪60年代的《蝙蝠侠》和《迷失太空》等热门剧集的插播广告上大力宣传。但正像电影史学家彼得·布塞（Peter Buse）③所观察到的，在宝丽来相机的案例中，年轻人不仅是相机推广的核心，而且"被认为是即时、整体摄影的最自然的参与者，被认为是可以自发地、本能地理解它的人群"④。如果对布塞关于青少年对宝丽来摄影技术拥有

---

① Gustavson, *Camera*, 306.
② Peter Buse, *The Camera Does the Rest: How Polaroid Changed Photography* (Chicago: University of Chicago Press, 2016), 31.
③ 彼得·布塞现为英国利物浦大学艺术学院院长，他在卡迪夫大学的批评和文化理论中心取得了硕士和博士学位。布塞在批评和文化理论、现代戏剧、电影和摄影研究领域发表较多成果，最近的一本书是《相机的作用：宝丽来如何改变了摄影》（芝加哥大学出版社，2016年），这是一本关于即时摄影的媒体考古学研究。他目前的研究兴趣包括精神分析、喜剧、期刊，以及大众和乡土摄影。他还是欧洲期刊研究学会的创始与执行成员，也是托迪（意大利）摄影圈的受邀成员，《新形态》的编委会成员，以及英国文化委员会牛顿基金的评审员。——译者注
④ Peter Buse, *The Camera Does the Rest: How Polaroid Changed Photography* (Chicago: University of Chicago Press, 2016), 31, 34.

## 遗忘的尽头：与社交媒体一同成长

内在亲和力的说法还有任何怀疑，我们只需考虑一点就够了——即使在数码照相手机的时代，宝丽来相机也仍然存在。尽管宝丽来相机肯定不是今天最常见的图像制作工具，但它仍然是青少年群体间一种流行的消遣方式（城市旅行用品店 Urban Outfitters 是一家针对青少年的服装店，该店设置了一个区域专门销售宝丽来相机、胶片以及各类配件）。但是，又是什么让宝丽来相机长期吸引着年轻的摄影师呢？

宝丽来相机至少有两个特质是布朗尼相机和其他胶卷相机未能提供的。首先，宝丽来相机反映了普通青少年摄影者的时间性需求。因为胶卷不需要送出去冲洗，所以几乎可以立即观赏到宝丽来相机所拍出的图像。在 20 世纪 70 年代，宝丽来 Swinger 的广告通过描述年轻人拍摄并立即分享他们照片的行为，强调了相机的快速成像优势。这些广告很少展现人们为后代保存照片的场景。在 20 世纪 90 年代，宝丽来 Joycam 的广告进一步描绘了青少年在游泳池中分享宝丽来照片的情景——这恰恰是保存行为的反面。[①] 宝丽来公司所要传达的信息很清楚，他们的即时成像照片就是为了享受当下，而不一定是为了保存记忆。不难看出，这与柯达公司有着明显的不同，柯达公司恰恰是将其价格低廉的相机作为记忆制造机来进行销售的。

宝丽来相机区别于早期图像制作技术的另一个重要方式，是它有效地绕过了父母和胶片冲洗人员的审查。如果说过去那些离经叛道的摄影活动需要你有办法进入暗房，并且

---

① Ibid., 7.

至少要有关于冲洗过程的基本知识，那么自从有了宝丽来相机，这样的条件和知识就不再必要了。有了这种新的即时图像制作"玩具"，青少年甚至可以拍摄他们的生殖器，或者拍下朋友背着学校吸烟的照片，并大可放心他们能够逃脱责罚。① 虽然这种宝丽来相机的用途不见得很普遍，但这种技术的吸引力至少有一部分是由于它能够避开成年人的窥视——无论是来自某个人的父母还是来自数百英里外的工厂里冲洗照片的工作人员。②

宝丽来相机提供了一种绕过成年人把关的方法，它使得图像制作尽可能地接近当前时代的摄影，正如它不久之后便会在模拟时代所实现的那样。年轻人终于可以自由地表现童年和青年文化的方方面面了，而这些在以前都是被精心编辑过的（要么是年轻人自己事先审查，要么是被成年人审查）。在此基础上，布塞认为尽管与照相手机不同，但宝丽来相机为现在照相手机的使用方式提供了参考。③ 然而，有两个不容忽视的因素将十几二十岁的青少年参与宝丽来摄影与数码照相手机摄影区分开来：成本，以及复制和大范围流通的潜力。虽然宝丽来相机价格低廉（当它推出时，其零售价低于20美元，被认为是至少70%的美国家庭可以承受

---

① 克里斯托弗·巴纳诺斯（Christopher Bonanos）在他的《宝丽来相机的历史》中指出，有证据表明，宝丽来相机被用来记录那些本来可能被审查的东西，包括同性恋图像、描绘恋物文化的图像和儿童色情制品。Bananas, *Instant: The Story of Polaroid* (New York: Princeton Architectural Press, 2012), 73.

② Buse, *The Camera Does the Rest*, 69.

③ Ibid., 103.

### 遗忘的尽头：与社交媒体一同成长

的水平），但宝丽来胶片的成本还是相对较高。[1] 宝丽来图像制作和数字摄影之间的另一个更为显著的区别是，宝丽来照片的复制与分享能力有限。归根结底，宝丽来图像还是一种独一无二的文件，与反映出机械或数字复制特性的产品相比，它与独特的艺术作品倒是有着更多的共通之处。因此，尽管拍摄宝丽来照片可能与拍摄数字图像相似，其结果却有着显著差异。宝丽来图像作为短暂的、亲密的和单一的印刷品流通，与数字图像的可复制性和流动性截然不同。

尽管宝丽来图像的可复制性不高，但这并不意味着它们不能被保存下来。人们普遍认为，这些图像会随着时间的推移而褪色，但这在很大程度上也是一个迷思。因为只要不是直接暴露在阳光下，宝丽来图像和大多数基于胶片模式的摄影图像一样经久耐用。不过这一迷思可能也反映出了这些图像的普遍流通方式。宝丽来图像经常被用于立即的展示，所以最终都是被粘在公告栏上或贴在墙上，而不是被放进相册里。如果说这种设计后来获得了一个随着时间的推移而褪色的名声，并且在这个过程中无法增添我们的长期记忆，这可能只是说明了人们选择如何使用宝丽来照片。

### 从赛璐珞胶片到录像的家庭电影

除了摄影，20世纪至少还被另外两种最终会渗透到私

---

[1] Ibid., 31.

人领域的技术所极大地形塑：电影和录像。尽管由于成本和操作技术，电影和录像没有像静态摄影那样广泛使用，但从20世纪20年代末开始，家庭电影制作技术还是改变了童年和青少年时期的体验与记录方式，这无疑就是为什么在21世纪，家庭电影的颗粒感和褪色美学成为在数字技术之前的时代长大的标志。现在，艺术家们纷纷涌向跳蚤市场，在世界各地搜寻被遗弃的电影胶片和失落的电影档案，它们大多是由家庭电影构成的，现在已经至少保存了20世纪自己动手制片的电影人的一部分作品。① 即使是主流导演也经常将旧式的家庭电影片段（或故意拍成的旧式家庭电影片段）拼接到他们的电影作品中，作为对记忆的一种刺激性替代。就像记忆本身带有特定时代的过滤器一样，现在比较常见的情况是，电影人物通过倒叙来回忆20世纪70年代（这些倒叙似乎是用超8胶片②拍摄而成的），并通过此类做旧的视

---

① 有一些积极行动，如非裔美国人家庭电影档案馆（http://aahma.org/）会对特定主题的家庭电影进行集中数据库汇总。其他如美国马萨诸塞大学洛厄尔分校的家庭电影档案馆（http://libguides.uml.edu/UMLHomeMovieArchive）则收藏了一般的家庭电影。

② 即超8毫米胶片（Super 8mm film），这是一种8毫米胶片的改良版，1965年由柯达推出，比传统8毫米宽，但是可以印在完全一样的旧标准8毫米胶片膜上，也同样是单边穿孔。然而穿孔尺寸小于那些老式的8毫米胶片，因此可以让影片拍摄面积更大。超8胶片按标准还专门分配了对孔的氧化条，以达成声音磁性记录，可以录制有声影片。起先有几种不同标准的系统用于拍摄，但为了更加便利，最后电影业需要在每种情况下都有相同尺寸的机械设备，所以最流行的柯达系统逐渐统一市场。——译者注

## 遗忘的尽头：与社交媒体一同成长

频剪辑来回忆 20 世纪 80 年代。① 尽管这在当代电影中很常见，但在 20 世纪，家庭电影并没有被当作记忆的技术来接受。

到了 20 世纪 20 年代，柯达公司已经开始向有经济实力的家庭推销它的第一批柯达电影摄像机（Ciné-Kodak）产品，让他们参与家庭电影制作的热潮。正如电影研究学者帕特里夏·齐默尔曼（Patricia Zimmermann）② 所写的那样，家庭电影确实作为"记忆的电影"被传播开来，提供了"业已逝去的事件的经验证据"，但它们也作为"政治干预、梦境和幻觉"而发挥作用。业余电影经常是唯一可用的移动影像记录形式，特别是在少数族群社区，但这并不意味着它们是纯粹的纪录片。这些电影通常具有多种功能，并受到复杂的个人和集体投资及欲望的影响。③ 它们既作为记录和保存的技术，又作为业余电影人想象和创造可能世界的方法

---

① 奥利弗·斯通（Oliver Stone）1991 年的电影《肯尼迪》提供了一个例子，说明不同类型的媒介在电影中是如何被用来表现记忆和倒叙的。

② 帕特里夏·齐默尔曼是美国纽约州伊萨卡学院罗伊帕克传播学院的屏幕研究教授。她也是指环湖环境电影节的主任，这是一个设在伊萨卡学院的大型国际电影节。她曾担任新加坡南洋理工大学传播与信息学院邵逸夫基金会的新媒体教授和美国爱荷华大学的电影与比较文学教授。齐默尔曼发表了 200 多篇学术论文，内容涉及电影史和历史学、纪录片和实验电影/视频/数字艺术、新媒体、业余电影、媒体的政治经济学和数字文化理论。她的博客"开放空间"（Open Spaces）探讨了国际公共媒体，特别是纪录片的开场、结尾和界限问题。——译者注

③ Patricia R. Zimmermann, "Introduction," in *Mining the Home Movies: Excavations in Histories and Memories*, ed. Karen L. Ishizuka and Patricia R. Zimmermann（Berkeley: University of California Press, 2008）, 22.

第一章　社交媒体出现之前与之后的童年记录

而被推广和接受。

虽然在 20 世纪 20 年代推出的时候，电影摄像机的市场定位有时确实是保存家庭记忆的方式，但它们也被宣传为可以诉诸创造性的用途。例如，1928 年的一本柯达电影摄像机宣传手册不仅详细说明了如何拍摄婚礼派对和孩子迈出的第一步，还说明了如何拍摄一部虚构的电影。事实上，购买柯达电影摄像机的家庭还被鼓励购买柯达公司的 132 页的手册《家庭电影的初级脚本》，其中讲解了如何将童话故事变成由自己的家庭成员主演的电影。从 7 个场景的"小剧本"到 122 个场景的"超级制作"，这本手册指导柯达电影摄像机的持有者完成从角色选拔和培训年轻演员，到对他们自己的电影进行场景设计、拍摄和后期剪辑的整个过程。[①] 柯达公司很早就认识到，其移动影像拍摄也是一种可以激发用户想象力的技术，使他们能够创造其他世界和场景。

其实，在杂志《电影制作人》（*Movie Maker*）的过刊中就可以看到早期家用电影摄像机广泛用于想象性而非简单记录性目的的证据。这是一本由 1926 年成立的业余电影联盟

---

[①] Patricia R. Zimmermann, *Reel Families: A Social History of Amateur Film* (Bloomington: Indiana University Press, 1995), 153.

## 遗忘的尽头：与社交媒体一同成长

（Amateur Cinema League）[①] 为业余电影制作者创办的杂志。第一期《电影制作人》刊登了一篇关于"第一部业余电影作品"的报道。这篇文章解说道，电影《代理之爱》（Love by Proxy）由"大约20名刚从高中毕业的年轻人"制作而成，并由一名来自新泽西州的少年尤金·拉格代尔（Eugene W. Ragsdale）执导，这位年轻人"膝盖只有跳起来的蚂蚱那么高的时候就已经开始玩儿相机了"[②]。然而，在摄像机广泛普及之前，儿童和青少年的电影制作行为并不常见。更多的时候，业余电影制作是把年轻人放在镜头前，要么作为纪录片的拍摄对象，要么作为演员，而不是在幕后操持相机。

由于技术上的较高要求和相对昂贵的成本，大多数早期的业余电影制作者都是男性户主。[③] 从表面上看，家庭电影现象似乎是由为儿童庆祝的愿望所驱动的。1929年《父母

---

[①] 业余电影联盟（ACL）于1926年7月28日在纽约市成立，同年12月发行了他们的第一期杂志《电影制作人》。ACL是第一个非专业电影制作人的国际协会，在20世纪20年代末业余电影制作亚文化日益普及的刺激下成立。通过关注非商业电影制作，该联盟努力培育和支持国际上的业余电影制作文化。该组织的目标包括增加制作家庭电影的乐趣，促进业余电影制作成为一项运动，组织业余电影俱乐部，出版业余电影制作月刊，建立电影交易所，鼓励业余电影写作，最后，维持一定数量的业余水平的家庭电影制作。——译者注

[②] Frederick T. Hollowell, "'Love by Proxy': The First Amateur Motion Picture Production," *Amateur Movie Makers* 1, no. 1 (Dec. 1926): 16.

[③] 1923年，一台柯达A型摄像机的价格为125美元；整套设备，包括摄像机、三脚架、接驳器、投影仪和屏幕，价格为325美元。参见 Libby Bischof, "A Region Apart," in *Amateur Movie Making: Aesthetics of the Everyday in New England Film*, 1915–1960, ed. Martha J. McNamara and Karan Sheldon (Bloomington: University of Indiana Press, 2017), 42.

第一章　社交媒体出现之前与之后的童年记录

杂志》(*Parents Magazine*)上一篇关于家庭电影的文章就指出,"父母对子女的爱是目前家庭电影飞速普及的最重要因素"①。齐默尔曼认为,家庭电影技术是为父母而不是为孩子设计的,她观察到:"凭借其手中的胶卷和投影仪,他们可以延长典型的核心家庭的持续时间。"② 然而,至少有一些证据表明,制作家庭电影的多重原因超出了单纯的记录的冲动。1927年出版的《电影制作人》第二期中有一段话:尽管一些男性户主接受将业余电影的拍摄作为保存其完美家庭的一种方式,但也有人的动机可能是重新构想自己的家庭:"电影爱好者手中的东西实际上是一台创造自己的机器。他甚至可以虚构自己的孩子(在他开机之后)——按照他想要的方式创造他们,或者就是把电影摄像机交给他的孩子,往往在他还没有反应过来的时候,孩子们就已经开始在拍自己了。"③ 这段奇怪的文字进一步表明,如果说摄影是"记忆的伙伴———一个无声的伙伴",那么家用电影摄像机则服务于另一个目的。除了作为记忆机器,家用电影摄像机还可以作为幻想和欲望的无声伙伴。

①　Quoted in Zimmermann, *Reel Families*, 134.
②　Zimmermann, *Reel Families*, 134.
③　Gerald Stanley Lee, "Slow Movies for Quick People," *Amateur Movie Makers* 2, no. 2 (Feb. 1927): 99.

### 遗忘的尽头：与社交媒体一同成长

电影制片人佐伊·贝洛夫（Zoe Beloff）[①] 就经常在她的作品中使用旧的家庭电影片段，她解释道："许多年来，我对家庭电影的思考方式与弗洛伊德对梦境、笑话和口误的思考方式是一样的——也就是说，它所揭示的东西比业余电影制作者的意图更多。"贝洛夫指出，她的"梦境电影"系列完全是由被挖掘出来的家庭电影片段组成的，她试图让"被压抑的欲望和日常创伤浮出水面——如果我们知道如何解读它们的话，而这在所有的家庭电影中都能看到"[②]。贝洛夫将家庭电影理解为由社会行为者——在这里就是指家庭成员——所演绎的被压抑的欲望和创伤的空间，这表明如果要将家庭电影作为记忆的空间来对待，那么它们在暴露记忆的同时，也是隐藏或替换记忆的文本。

如果说像贝洛夫这样的电影人现在能够挖掘家庭电影的双重面相，这与以下事实有很大关系，即从20世纪20年代到70年代，家庭电影制作技术变得越来越普及，越来越多

---

[①] 佐伊·贝洛夫是一位居住在纽约的艺术家，主要从事装置艺术、电影和绘画等的创作。她在苏格兰的爱丁堡长大，1980年搬到纽约，几年后，她获得了美国哥伦比亚大学的电影硕士学位。贝洛夫的作品大量涉及历史，她有时被认为是在媒体考古学领域工作。她经常创作一种以反思干预过去的作品，将新旧技术、概念和材料结合在一起，进行虚构和事实相混淆的叙述。她对精神分析和超自然现象的历史特别感兴趣。在20世纪90年代，她拍摄了网络连续剧《超越》，在心灵、技术、超自然现象、电磁学、语言和欲望之间的潜在交集中游戏。贝洛夫的作品在国际上得到了认可，在惠特尼美国艺术博物馆（纽约）、现代艺术博物馆（纽约）、乔治·蓬皮杜国家艺术文化中心（巴黎）、现代艺术博物馆（安特卫普）等地都有展览。她现在是纽约皇后学院媒体研究系和艺术系的教授。——译者注

[②] Zoe Beloff in conversation with Niels Van Tomme, "Dreamland: The Intimate Politics of Desire," *Art Papers* (July/Aug. 2010): 31.

的家庭能够制作家庭电影。到 20 世纪 50 年代，甚至许多中下层家庭也拥有了电影摄像机和放映设备。① 然而，在这一时期，购买和冲洗胶卷的费用对于普通儿童或青少年来说仍然是无法承受的。与照相机不同的是，从来没有人尝试过专门向年轻人推销电影摄像机。这种情况直到录像带（video）出现才得以改变。

尽管家庭录像可以追溯到 20 世纪 70 年代，但在十多年的时间里，普通家庭基本上无法接触到它。1983 年，索尼公司第一台摄录一体机（camcorder）的零售价为 1500 美元。两年后，价格开始迅速下降。到了 1985 年，一个初出茅庐的业余电影制作人只需 400 美元就能买到一台 Amstrad VMC100。盒式录像带（videocassettes）只需几美元就能买到，甚至可以重复使用。② 设备的成本相对较低，能够使用新的或回收的盒式录像带进行拍摄，并且省却了显像过程，这些特性意味着如今拍摄时间可以更长，对拍摄的内容可以更加无所顾忌，同时还能够在几乎没有外界监视的情况下进行拍摄。录像与大多数家庭电影格式不同，具有录音功能，这种媒介也自然催生出了新类型的家庭电影，例如口述历史。剪辑录像也比剪辑电影更容易，任何人只要有一台监视器和一台盒式磁带录像机（VCR）就能完成，当然还需要相当的耐心。但实际上，许多家庭录像从未被剪辑过。因为

---

① Zimmermann, *Reel Families*, 113.
② David Buckingham, Rebekah Willett, and Maria Pini, *Home Truths? Video Production and Domestic Life*（Ann Arbor: University of Michigan Press, 2011）, 9 - 10.

### 遗忘的尽头：与社交媒体一同成长

人们可以立即回放刚刚所拍摄的内容，或者借助录像机和监视器，许多人在事件正在发生的时候就观看了被记录下来的事件。例如，在一个生日聚会上，有人可能会拍摄孩子吹灭蛋糕上的蜡烛，然后旋即便为聚会者回放这个场景。

正是在这种情况下，作为主要的家庭电影制作者的男性户主最终被取代。到20世纪80年代末，无论是为了学校项目还是为了娱乐，初中和高中学生涉足电影制作都是很平常的事了。儿童和青少年可以拍摄自己的教育视频，也可以参与更多富有想象力的活动。事实上，在20世纪80年代和90年代，人们使用家用录像机进行了一系列电影制作活动，从记录愚蠢的后院杂耍特技到视频化的粉丝小说和业余色情作品等。①

正如宝丽来相机让儿童和青少年对他们制作的图像类型有了更多的控制，家用录像机也为他们提供了对移动图像的控制。在20世纪80年代末，甚至出现了将录像机变成玩具

---

① 媒介研究学者苏珊娜·帕索宁（Susanna Paasonen）认为，摄像机和录影带改变了国内的色情视频制作，导致了她所说的"第一波业余色情"。数字成像技术在此基础上，在20世纪90年代和21世纪将业余色情制作带入新的方向。参见 Paasonen, *Carnal Resonance: Affect and Online Pornography* (Cambridge, MA: MIT Press, 2011), 72.

第一章　社交媒体出现之前与之后的童年记录

的短暂尝试。1987 年，费雪公司（Fisher-Price）① 发布了型号为 PXL-2000 的玩具摄录一体机，它能够记录高度像素化的黑白移动影像。PXL-2000 有许多优点，最特别的是它的小巧和轻便，而且与其他录像机不同，它可以在相对廉价、随处可见的录音带上记录移动影像。尽管 PXL-2000 只生产了一年（起初零售价不到 200 美元，后来降到了仍然很贵但更容易接受的 100 美元），但它的短暂存在显示出了将录像机放到年轻电影制作人手中的可能性。② 随着录像技术的到来，青少年的生活和自我表现模式进入了一个新的时代。这在艺术家萨迪·本宁（Sadie Benning）③ 1989 年的电影《我与红果实》(*Me & Rubyfruit*) 中得到了体现，这部电影是本宁用她在 15 岁时所收到的礼物 PXL-2000 拍摄的。这部电影是在她的卧室里私密拍摄完成的，展示了对青春期女同性恋欲望的前所未有的窥视。影片中的文字来自丽塔·梅·布朗

---

① 费雪是一家美国公司，生产婴儿、幼儿和学龄前儿童的教育玩具，总部设在纽约的东奥罗拉。该公司于 1930 年大萧条期间由赫尔曼·费雪、欧文·普莱斯、海伦·谢勒和玛格丽特·普莱斯创立。自 20 世纪 30 年代初以来，费雪已经创造了大约 5000 种不同的玩具。费雪牌最著名的系列之一是 Little People 玩具，其中包括人物和动物模型，以及各种游戏套装，如房子、农场、学校、车库和车辆。费雪还设计和销售婴儿护理产品，并开始为学龄前儿童开发电子玩具。——译者注
② Steven A. Booth, "Electronics," *Popular Mechanics*（May 1987）: 60.
③ 萨迪·本宁是一位美国艺术家，主要从事视频、绘画、素描、雕塑、摄影和声音方面的创作。本宁还创作实验性电影，并探索各种主题，包括监视、性别、模糊性、越轨、游戏、亲密关系和身份。她在十几岁时就成为知名艺术家，她用 PixelVision 相机制作的短片被称为"视频日记"。——译者注

065

## 遗忘的尽头：与社交媒体一同成长

（Rita Mae Brown）①1973 年的女同性恋小说《红果实丛林》（*Rubyfruit Jungle*），图像则来自色情杂志和性爱电话广告。即使在几十年后，这部影片仍然是对青春期同性恋性行为、欲望和憧憬的一次颇具挑衅意味的探索。② 然而，当时有人能看到本宁的电影可能与录像媒介的关系不大，而是与能够给她录像机的父亲本身就是一个电影制作人这一事实有关。本宁在十几岁的时候就已经熟悉了独立电影节的圈子，并且也有必需的社会关系来确保其作品的放映。在 20 世纪 80 年代末，任何没有这种社会关系的青少年都会发现要传播他们的独立影像作品是极具挑战性的。

就录像技术的所有民主化潜力而言，它并没有提供一个可以流通的平台。人们可以拍摄一段录像并与朋友分享，但即使是流传最广的家庭录像作品，其受众也不会比一般的影印的爱好者杂志多。就像爱好者杂志通常只复制 25 至 50 份一样，家庭录像仍然是一种限量版的东西。诚然，它们不像宝丽来照片那样独一无二，但可复制性也从来不是家庭录像的标志性特征。然而，在 20 世纪 80 年代，很少有人能预料到，视频记录也会变成非常短暂的东西。Betamax 和 VHS 录像带格式在数字格式（如 DAT 和 DVD）得到普及后几乎被

---

① 丽塔·梅·布朗是一位美国女权主义作家，以记录其成长的自传体小说《红果实丛林》而闻名。布朗积极参加民权运动，但往往因为女同性恋者在女权主义团体中被边缘化而与运动的领导人发生争执。布朗在 2015 年的兰姆达文学奖上获得了终身成就先锋奖。——译者注

② Sadie Benning, *Me & Rubyfruit* (1989).

淘汰，除此以外，盒式录像带也被证明容易受到各种形式的环境影响。Betamax 和 VHS 磁带是现存最脆弱的媒介格式之一。如果没有被适当地存储或转移到一个更稳定的格式上，许多在 20 世纪 80 年代和 90 年代拍摄的视频将无法保存到 21 世纪 30 年代。但是，对于那些在录像时代长大的人来说，这种媒介的脆弱性可能会给他们提供一个暂时从过去中解放出来的机会。虽然 20 世纪 80 年代和 90 年代的许多令人尴尬的家庭录像仍然存在，但其中大部分都难以观看了，即便有人确实还有可以播放相应格式影像的录像机。

## 记录社交媒体时代的童年与青少年

长久以来，儿童和青少年一直是最受欢迎的艺术表现对象。随着摄影技术的出现，他们终于能够把表现权掌握在自己手中了，尽管有一定的限制。今天，随着数字媒介和社交媒体平台的结合，我们正处于一个新的、可以说是前所未有的图像制作时代，这对青少年来说有着特殊的影响。自 21 世纪初以来，个人摄影与家庭电影制作的内容、规模和语境都发生了变化，而在这个过程中，年轻人在这两种实践中也都发挥了更大的作用。

即使在模拟摄影的后期，照片的内容仍然反映出了相对较高的选择标准（毕竟每张照片都要付出一定成本）和力度较大的内容审查（成年人的监督）。除非有人能够自由使用暗房，否则就会有第三方参与冲洗过程。尽管宝丽来技术

## 遗忘的尽头：与社交媒体一同成长

将冲洗工作交到了摄影师手中，但由此产生的图像却无法被复制。因此年轻人在模拟时代所创作的照片与今天的数字内容有着明显的不同。直截了当地说，在照相摊时代，想进行类似于发色情彩信这类活动的青少年，首先必须冒险把胶卷拿给当地摄影店的店员，并祈祷在冲印厂工作的员工太累了，以至于没有注意到胶卷上的可疑内容，然后还得找到一种隐蔽的方式把照片发送给收件人。虽然也有少数青少年确实设法绕过了这些障碍，但并不存在相当于今天色情短信这样的普遍现象。换句话说，虽然卷筒胶片和宝丽来摄影的时代绝非天真无邪，但这两种技术都无法生产出数字时代可能出现的那种内容。然而内容并不是唯一被改变的东西。

如今每天拍摄的照片和视频数量激增，主要是因为图像和视频的制作基本是免费的。一旦人们有了智能手机——在世界许多地方，甚至小学生都有——制作和传播图像的成本就可以忽略不计了。2000 年，世界各地共拍摄了仅 800 亿张照片。到了 2015 年，这个数字已经增加到超过 10000 亿，而其中 75% 都是用手机拍摄的。[①] 虽然无法确定其中由 18 岁以下的人所拍照片数量的确切比例，但有充分的理由相信，儿童和青少年摄影者的比例非常高。2015 年的一项评估提出，在色拉布（Snapchat）这个特别受儿童和青少年欢迎的照片分享平台上，用户每秒钟分享 8796 张图片，而每

---

① Stephen Hayman, "Photos, Photos Everywhere," *New York Times*, July 29, 2015.

小时分享的图片则远远超过 3000 万张。① 然而,随着数字媒介的兴起,特别是社交媒体的兴起,最深刻的变化或许是现在每个人的私人图像所拥有的潜在受众在急剧增多。

几十年来,照片和其他媒介,包括家庭电影,只是以孤本或限量版的形式存在。一张特殊场合的照片可能会被影印成双份或三份,婚礼等事件的家庭录像也可能会被复制给关系亲近的朋友和亲戚,但在大多数情况下,照片和家庭电影的传播范围很少会超出家庭的私人领域。而当我们接近 21 世纪第二个十年的尾声时,私人照片的语境已经大为扩展了。如果说早期的照片是精心设计的,但很少流传,那么在我们现在所生活的时代,人们对照片的内容构成几乎不会详加考虑,而它们的潜在流传范围却大到不可估量。移动图像也是如此。如果说拍摄一部家庭电影曾经需要精心设计且付出大量的努力,认真策划和选择是必要条件,那么在 21 世纪,它已经成为众多基于屏幕的日常活动之一,例如从观看流媒体视频到与朋友进行视频通话。现在不费吹灰之力,在瞬息之间,那些最平凡的日常时刻就能向数百万观众播放了。

儿童和青少年曾经被置于边缘地位,如今他们不再缺乏图像,也不再仅仅通过成人的目光来表现,这在世界各地看

---

① 参见 Rose Eveleth, "How Many Photographs of You Are Out There in the World?" *Atlantic*, Nov. 2, 2015.

**遗忘的尽头：与社交媒体一同成长**

来似乎都是如此，尽管各地也有一些明显的差异。[1] 当我们接近 21 世纪第二个十年的尾声时，年轻人已有机会获得静态和动态图像技术以及传播图像所需的平台。在未来，人们将越来越多地通过儿童和青少年而非成年人的视角来看待和理解他们。这是一个令人喜闻乐见的转变。如果说 20 世纪 50 年代或 70 年代儿童的命运是在一家之主所策划的无声家庭电影中成为演员，那么现在儿童和青少年则有能力导演、拍摄和主演他们自己的电影。年轻人的媒体创作也有越来越多的观众。虽然大多数儿童和青少年往往仍是为朋友和家人制作媒体内容，但他们也确实可以接触到更多的观众。[2] 当然，把媒介技术交到年轻人手中的价值不是这里的重点。本书试图探讨的问题是：当这些主要是自发呈现的童年和青春期不仅被广泛和无限期地传播而且变成数据时，会产生什么后果？尤其值得关注的问题还有：谁是这里的"数据主体"？他们如何做到既能忘记，又能在必要的时候被遗忘？

---

[1] 本书所使用的例子几乎全部来自北美洲和欧洲。这部分反映了一个事实，即数字技术在各地区的普及程度不尽相同。根据联合国儿童基金会 2017 年的一份报告，欧洲 96% 的青年（15 至 24 岁）都可以上网，而在非洲只有 40%。总体而言，18 岁以下的儿童和青少年占全世界互联网用户的三分之一；青年是世界上联系最紧密的人群，他们之中 71% 的人都能够上网，占总人口的 48%。United Nations Children's Fund (UNICEF), "Children in a Digital World," The State of the World's Children 2017, "Key Messages," p. 1, https://www.unicef.org/publications/files/SOWC_ 2017_ ENG _ WEB. pdf.

[2] 参见 Patricia G. Lange and MizukoIto, "Creative Production," in *Hanging Out, Messing Around, and Geeking Out*, ed. Mizuko Ito, Sonja Baumer, Matteo Bittanti, et al. (Cambridge, MA: MIT Press, 2010), 291.

# 第二章　数据主体时代的遗忘与被遗忘

对于儿童和青少年来说，遗忘与被遗忘都具有特殊的意义。毕竟，成长的过程既取决于忘记年轻时的自己，也取决于被别人忘记——至少是那个在自己的版本中不愿意被带入成年的部分。正如我在本书中所指出的那样，数字媒介技术干预了这个过程。虽然这种干预的后果还没有被完全知晓或理解，但我显然不是唯一一个关注这种潜在影响的人。

最近为支持"被遗忘权"（right to be forgotten）[①]而进行的立法尝试，至少有一部分是源于对儿童和青少年的关注。欧盟委员会（EC）关于被遗忘权的建议中最初特别关注年轻的"数据主体"（data subjects）："数据主体理应有从管理者那里获得与他们有关的个人数据的删除和停止进一

---

[①] 被遗忘权是指在某些情况下将个人的私人信息从互联网搜索引擎和其他目录中删除的权利。这一概念已经在几个司法管辖区得到讨论和实践，包括阿根廷、欧盟（EU）和菲律宾等。这一问题的产生是由于个人希望以自主的方式决定其生活的发展，而不因过去的特定行为而永远或定期地被污名化。——译者注

**遗忘的尽头：与社交媒体一同成长**

步传播的权利，特别是那些数据主体在他或她还是孩子的时候所生成的个人数据。"[①] 在 2012 年的一次演讲中，时任欧盟委员会副主席的薇薇安·雷丁（Viviane Reding）强调了这一点："应该由个人通过选择是否提供数据来保护自身的隐私。因此，重要的是赋予欧盟公民，特别是青少年以权力，让他们可以掌控自己在网上的身份。"[②] 欧盟的《通用数据保护条例》最终在 2018 年生效时，列入了有关收集和处理属于 16 岁以下儿童的数据的规定。[③]

在其他司法管辖区，年轻的数据主体也被单列出来进行保护。自 2015 年以来，美国加利福尼亚州的未成年人，而非成年人，有权要求删除他们在网上发布的信息，而且该州

---

① European Commission, Fact sheet on the "Right to be Forgotten" Ruling (C - 131/12), https://www.inforights.im/media/1186/cLeu._commission_factsheet_right_to_be-forgotten.pdf.

② Viviane Reding, "The EU Data Protection Reform 2012: Making Europe the Standard Setter for Modern Data Protection Rules in the Digital Age," address given at the Innovation Conference Digital, Life, Design, Munich, Jan. 22, 2012, http://europa.eu/rapid/press-release_SPEECH-12-26_en.htm.

③ 欧盟的《通用数据保护条例》第 38 条包括以下声明："儿童在其个人数据方面值得特别保护，因为他们可能不太了解相关的风险、后果和保障措施以及他们在个人数据处理方面的权利。这种具体的保护应特别适用于为营销和创建个人化或用户档案的目的而使用儿童个人数据，以及在使用直接提供给儿童的服务时收集有关儿童个人数据等的情况。在直接向儿童提供预防性或咨询服务的情况下，不需要征得监护人的同意。"参见"Regulation (EU) 2016/679 of the European Parliament and of the Council of 27 April 2016 on the Protection of Natural Persons with Regard to the Processing of Personal Data and on the Free Movement of Such Data, and Repealing Directive 95/46/EC," https://eur-lex.europa.eu/legal-content/EN/TXT/PDF/?uri=CELEX:32016R0679&from=EN.

的企业必须告知所有未成年人及其父母这项权利的存在。[1]然而,加州的这项法案只适用于年轻人自己在网上发布的内容,而不适用于其他人发布的内容。英国新近的立法走得更远。在准备退出欧盟的过程中,英国立法者一直在努力起草数据删除法,以取代《通用数据保护条例》并扩大保护范围。2017年9月起草的英国《数据保护法案》中,有23处提到了"儿童"一词,为儿童和青少年提供了强有力的保护。[2]

欧洲和北美洲的数据删除法都把重点放在了年轻人身上,这并不令人惊讶,因为这些法律反映了对儿童和青少年缺乏健全判断力的普遍预设。但是,未成年人对于在网上发布什么内容的判断能力并不是我的重点。我要探讨的其实是被遗忘权的重要性,而遗忘的权利往往取决于被他人遗忘,特别是对年轻人而言。成长既是一个遗忘和被遗忘的过程,也是一个知识和经验不断积累的过程。因此,对儿童、青少年与媒介话题的长期关注需要从根本上重新思考。与其问如何保护年轻人不受网络掠夺者的侵害,我们真正应该问的是如何保护他们不受自己的侵害,更具体地说,不受他们在进入成

---

[1] California Business and Professional Code section 22580, SB-568, Privacy: Internet: minors (2013 – 2014), http://leginfo. legislature. ca. gov/faces/codes_displaySection. xhtml?lawCode = BPC&sectionNum = 22580.

[2] Sonia Livingstone, "Children's Privacy Rights Are Prominent in the Data Protection Bill but There's Many a Slip…," Media Policy Project blog post, London School of Economics and Political Science, Aug. 14, 2017, http://blogs. lse. ac. uk/mediapolicyproject/2017/08/14/childrens-privacy-rights-are-prominent-in-the-data-protection-bill-but-theres-many-a-slip/.

遗忘的尽头：与社交媒体一同成长

年后可能最终希望远离的那个自我的侵害。

## 关于遗忘的修复性观点

集体遗忘，就像集体记忆一样，通常被理解为一种社会现象。虽然人们的集体遗忘确实有很多不同的原因，但是集体遗忘几乎总是被负面的词汇所描述。这并不奇怪，因为它往往涉及一种支持特定政治任务的遗忘形式，比如忘却殖民主义或奴隶制度的残余思想。[①] 相比之下，哲学家、精神分析学家和实验心理学家常常将个体的遗忘描述为一种修复过程（reparative process）。

在《论道德的谱系》中，弗里德里希·尼采（Friedrich Nietzsche）[②] 总结道，遗忘可能仅仅是关闭意识的门窗。就像一个人可能会关上书房的门以专注于工作一样，一个人也

---

[①] 例如，在20世纪末的加拿大，忘记国家长久以来为原住民儿童所设立的寄宿学校制度是一种方便的办法，不仅可以使国家与在这些学校里发生的暴行保持距离，还可以忘记其作为英国前殖民地的身份。同样，在美国，集体遗忘的形式允许政策制定者避免解决奴隶制的遗留影响不断扩大社会和经济差异的问题。虽然集体遗忘往往被视为集体记忆的反面，但纳克曼·本－耶胡达（Nachman Ben-Yehuda）认为，它们是"同一过程的两端，即选择历史事实与事件的过程"。Ben-Yehuda, *Masada Myth: Collective Memory and Mythmaking in Israel* (Madison: University of Wisconsin Press, 1995), 302.

[②] 尼采是德国哲学家、文化评论家和语言学家，其作品对现代思想史产生了深刻的影响。在转向哲学之前，他以古典语言学家的身份开始其职业生涯。1869年，他成为巴塞尔大学有史以来最年轻的古典语言学主席，时年24岁。尼采的作品涵盖了哲学论战、诗歌、文化批评和小说，同时表现出对谚语和讽刺的喜爱。他还发展了一系列有影响力的概念，如"超人"和他的永恒回归学说等。在后期的作品中，他越来越关注个人克服文化和道德习俗以追求新的价值观和审美健康的创造性力量。——译者注

## 第二章 数据主体时代的遗忘与被遗忘

需要时不时地关闭自己的意识：

> 意识的门窗暂时关闭起来，以免受到由我们的低级器官与之周旋的噪音和纷争的干扰；留些安静，留些空白，让意识还能保留一块地方给新事物，首先给高贵的功能和机制，再给治理、预测、预先规定（因为我们的有机体是寡头政治式的）——这就是所说的积极遗忘性的作用，它就像一个门卫，一个心识秩序，宁静和规矩的守护神；显而易见，没有遗忘性，或许就没有幸福，没有欢乐，没有希望，没有自豪，没有现实存在。

尼采强调：对于不能遗忘的人来说，不可能有幸福，不可能有希望，也不可能有现实存在（immediacy）。不能忘记的人"无法'应对'任何事情"。然而，他继续指出了人类的一个奇怪的内在矛盾："恰恰是这种必然健忘的动物，在他身上，遗忘是一种力量，代表着一种健康的形式，他为自己培育出了一种反向装置——记忆，在某些情况下，借助这种装置可以中止遗忘。"尼采不认为遗忘是对记忆的威胁，而是恳请他的读者考虑一种相反的情况——在这种情况下，记忆威胁着必要的、受欢迎的遗忘实践。他坚持认为："遗忘并不像肤浅的人所认为的那样只是一种不存在的东西，而是一种积极的抑制能力，是最强烈的积极能力。"[1]

---

[1] Friedrich Nietzsche, *On the Genealogy of Morality*, trans. Carole Diethe (Cambridge: Cambridge University Press, 2006), 35, 36.

## 遗忘的尽头：与社交媒体一同成长

自尼采以来，各个学科的思想家都提出了对遗忘的其他修复性解读。西格蒙德·弗洛伊德认为，我们经常忘记或歪曲事件，以此来应对那些我们认为无法容忍或具有创伤性的事情，这可能是对遗忘的最知名的修复性解读，但这肯定不是证实遗忘的潜在功能的唯一尝试。心理学家弗雷德里克·巴特利特（Frederic Bartlett）[1] 在其1932年的作品《记忆》中提出，遗忘可能具有"巨大的心理学意义"。[2] 最近，越来越多的研究成果也凸显了遗忘的好处。神经科学家迈克尔·安德森（Michael Anderson）[3] 和西蒙·汉斯迈尔（Simon Hanslmayr）[4] 进一步发展了"动机性遗忘"的概念。正如尼采认为遗忘对于维持表面上的幸福、快乐、希望和自尊是必不可少的，安德森和汉斯迈尔也认为，"为了维持积

---

[1] 弗雷德里克·巴特利特是一位英国心理学家，也是剑桥大学第一位实验心理学教授。他是认知心理学以及文化心理学的先驱之一。巴特利特认为自己在认知心理学方面的大部分工作是社会心理学的研究，但他也对人类学、道德科学、哲学和社会学感兴趣。——译者注

[2] Frederic C. Bartlett, *Remembering: A Study in Experimental and Social Psychology* (London: Cambridge University Press, 1932), 15.

[3] 迈克尔·安德森是英国剑桥大学教授，主要研究记忆、注意力和认知控制的基本机制，以及它们之间的互动。安德森使用行为学、神经影像学等来研究人们抑制分散注意力和不需要的记忆的认知和神经机制。其研究的一个关键点是假设记忆控制参与了抑制潜在反应的机制，以减少代表过去经验的神经结构的活动，破坏了记忆。——译者注

[4] 西蒙·汉斯迈尔是英国格拉斯哥大学教授，他的主要研究方向是健康人群的注意力和记忆过程。为了研究人类的神经振荡，汉斯迈尔的实验室使用了一系列广泛的电生理学的成像方法。此外，研究团队还通过有节奏的感官刺激等对大脑进行外部扰动来研究振荡的因果作用。汉斯迈尔团队旨在通过多学科、多模式和多尺度的方法，对人脑如何感知、存储和检索信息进行详细的描绘。——译者注

极的情绪或注意力、对某种状态的信念、信心或乐观精神，可能有必要去减少破坏这些状态的经验的可及性"①。同样，实验心理学家本杰明·斯托姆（Benjamin Storm）② 观察到，"尽管遗忘似乎令人沮丧，但我们有了它比没有它要好得多"③。然而，在数字媒介时代，曾经被认为是理所当然的"暂时关闭意识门窗"的能力现在正面临着风险。

在 21 世纪，即使是尼采的这一隐喻也有了极为不同的含义。毕竟，"窗户"这个词现在更容易让人联想到屏幕上的窗口，而不是他最初所暗示的建筑物的特征。但是，关闭我们数字设备上的窗口与关闭我们家里房间的窗户有着非常大的区别。关上窗户和拉上窗帘可以防止我们看到外面，也可以防止外部世界窥视我们。而当我们关闭数字设备的窗口时，我们不能看到外面（网上的东西被关闭了），但这一行为并不妨碍其他人继续窥视我们。当我们休息时，其他人可以而且确实也在继续监视着我们（甚至注意到我们没有在活动）。窗户的隐喻恰当地强调了在模拟世界和数字世界中遗忘和被遗忘的体验之间存在差别。

---

① Michael C. Anderson and Simon Hanslmayr, "Neural Mechanisms of Motivated Forgetting," *Trends in Cognitive Sciences* 18, no. 6 (2014): 279.

② 本杰明·斯托姆是加州大学圣克鲁斯分校心理学院教授，他的研究主要集中在人类记忆方面，并特别关注遗忘的原因和后果。斯托姆对遗忘在化解恢复过程中的障碍、克服思考和解决问题时的固恋、更新自传体记忆和促进新的学习方面的作用特别感兴趣。他还对人们如何使用计算机、互联网和其他技术以及这种使用对记忆的日常运作的影响感兴趣。——译者注

③ Benjamin C. Storm, "The Benefit of Forgetting in Thinking and Remembering," *Current Directions in Psychological Science*, 20, no. 5 (2011): 294–295.

**遗忘的尽头：与社交媒体一同成长**

如果说遗忘和被遗忘的经历曾经交织在一起，那如今已不再是这样了。在数字世界中，我们可以关闭我们的窗口，甚至完全脱离网络。但当我们关闭窗口时，就算我们减少了自身的数字足迹（即我们留下的数据），我们的数据阴影（即由其他人生产的关于我们的信息）仍在持续增加。简而言之，个人想要忘记（例如关闭窗口、删除数据、下线和断开连接等）的愿望与被他人遗忘没有什么必然关系，因为即使与之相连的活生生的个人处于休眠状态，数据主体仍然是活跃着的。在我们不知情的情况下，我们的数据主体持续扩张并获得知名度，令人不安的是，我们原本是试图实现尼采所认为的对心理健康和满足感非常必要的"主动遗忘"。正是在这个基础上，法律学者安托瓦内特·鲁夫罗伊（Antoinette Rouvroy）[①] 提出，我们现在看到的可能是对尼采公式的彻底反转：

> 所有这些经验尤其表明，记忆和遗忘之间的关系有可能被颠倒过来：从生物学上讲是刻在人类身上的"遗忘能力"，按照尼采的说法则是健康的条件，正在

---

[①] 安托瓦内特·鲁夫罗伊是欧洲大学研究所（佛罗伦萨）的法学博士，是比利时国家科学研究基金（FNRS）的长聘研究助理和那慕尔大学（比利时）法律系信息、法律和社会研究中心的高级研究员，也是法国信息与自由委员会（CNIL）前瞻委员会的成员。在著作中，她以法律和政治哲学相结合的方式，探讨了在"数据丰富"的环境中的隐私、数据保护、非歧视、机会平等、正当程序等问题。她目前的跨学科研究兴趣围绕着"算法治理"（algorithmic governmentalify）性的概念展开，她探讨了算法治理对我们生产什么是"现实"的模式的影响，对我们的政府模式的影响，以及对批评、抵抗或反抗的模式的影响。——译者注

让位给非生物意义上的"记忆能力"……虽然人类在历史上一直与记忆的局限性作斗争，且通常默认遗忘占据了上风，但我们现在似乎处于另一个历史过程，遗忘和记忆之间的关系正在被逆转。默认情况下，所有的信息（声音、视觉资料、文字）很快就会被记录下来，并以数字形式保存，而需要主动删除数据的遗忘行为，倒是将成为例外而非常规。[①]

但是，特别是对儿童和青少年来说，当主动遗忘不再能够控制无处不在的数据记忆的时候，将会产生什么后果呢？

## 没有边界与宵禁的主体

关于被遗忘权的讨论，其中心是那个全新且仍然语义模糊的社会行动者——数据主体。尽管该术语在法学文献中被广泛使用，但要定义谁或什么是数据主体依然具有挑战性。在某些情况下，数据主体是指与某一特定主体有关的一组数据。在其他情况下，该术语又被用来描述任何确定或可识别的自然人。但这个概念通常既不完全指向一组数据，也不单纯指向一个自然人，而是指向两者之间的关系。在此意义

---

[①] Antoinette Rouvroy, "Reinventer l'art d'oublier et de se faire oublier dans la societe de l'information?" in *La securite de l'individu numerise. Reflexions prospectives et internationales*, ed. Stephanie Lacour (Paris: L'Harmattan, 2008), 249 - 278, available at https://works.bepress.com/antoinette_ rouvroy/5 /(translation my own, emphasis in the original).

## 遗忘的尽头：与社交媒体一同成长

上，数据主体是由他或她（或它）与自然人的关系来定义的。例如，我的数据主体存在于我本人也存在其间的那个范畴中，但这也是二者分道扬镳的地方。毕竟，当我死后（即当我不再是这个世界上的物质存在之后），我的数据主体可能继续存在。虽然数据主体最初依赖于一个自然人而存在，但随着时间的推移，它可能会积累起足够的能动性以"超越"它曾经所依附的那个人。这解释了为什么有些人现在有了"社交媒体遗嘱"。[①] 这也正是儿童和青少年数据主体值得被特别考虑的原因。

尽管所有年龄段的人都会随着时间的推移而变化，但儿童和青少年尤其容易发生变化。一般来说，一个人在 9 岁和 13 岁的时候是非常不同的，到 22 岁时又会变得更加不同。年轻的数据主体所面临的问题是，9 岁和 13 岁时的数据主体可能不会受到后来自己的欢迎，还可能影响其步入摆脱过去、进入成人生活的能力。虽然前几代年轻的成年人可能也会面临年轻时的自己偶尔重现（例如，以尴尬的家庭照片或高中纪念册的形式）的问题，但这些自我（或自我的再现）有着严格的界限和宵禁——它们没有那么多的自由在空间和时间上漫游。

迄今为止，面对在记忆上不加区分且似乎毫不费力的数据主体，最充分的回应便是"被遗忘权"的概念。这项权

---

[①] 更多相关资料可关注 DeadSocial，一家自我描述为"生命尽头计划服务"的公司，可访问其主页：http://deadsocial.org/.

利现在为欧洲的数据删除立法提供了主要依据，并不断受到世界上其他司法管辖区法律学者的关注，它承认在数字世界中记忆已经变得如此普遍，故而我们偶尔也需要进行干预以维持平衡。① 荷兰法学理论家伯特－贾普·库普斯（Bert-Jaap Koops）② 提出，更广泛的法律、伦理和社会影响这三个相互关联的假设是被遗忘权的基础。首先，人们可以把立法看作一种"从头再来"或"重新开始"的做法。这一概念已经影响到若干法律领域，包括与青少年相关的刑法条款和信用水平报告等，旨在推动一种健康的"社会性遗忘"的方式。但库普斯也提出了另外两个假设："一种社会的观点，即过时的负面信息不应该被用来对付人们"，以及"一种个人自我发展的观点，即人们应该感到在此时此刻不受限制地表达自己，而不必担心未来的后果"。对库普斯来说，被遗忘权的关键之处不仅在于避免一个人的过去被不分青红皂白地拉到现在，还在于不以破坏一个人的遗忘能力的方式面对其过去。库普斯指出，被遗忘的权利"凸显了能够遗忘的重要性，以及能够在不担心你的当前行为可能会困扰你

---

① 更多信息可参考欧盟的《通用数据保护条例》，其非政府信息门户网址为 http://www.eugdpr.org/eugdpr.org.html。
② 伯特－贾普·库普斯是荷兰蒂尔堡法律、技术和社会研究所（TILT）的教授。他的主要研究领域是网络犯罪、网络调查、隐私和数据保护。他还对DNA取证、身份识别、数字宪法权利、"代码即法律"以及人类增强、遗传学、机器人学和神经科学的监管影响等课题感兴趣。——译者注

### 遗忘的尽头：与社交媒体一同成长

余生的情况下采取行动"[1]。

我们似乎可以合理地得出结论，有许多理由都表明遗忘是很重要的，包括个人的自我发展。在没有遗忘的地方，或是遗忘成为例外而非常规的地方，轻微的冒险活动，包括那些成长过程中的种种事情，都会变得过于严重而无法尝试。如果青少年曾经或多或少可以自由地改变他们的风格，尝试不同的服装、政见和身份认同，那么现在的风险是，这些"阶段"（它们往往被成年人轻蔑地贴上这种标签）将被永久地保存在网上，并定义着个人，而这种盖棺定论的境况远远超出了它们当初仅仅是被尝试的那个特定时刻。如此一来的代价是什么呢？无论一个人是由于暴露得太多而付出代价，还是因为过于谨慎而躲避了自我发现过程中的各种风险，生活在一个遗忘和被遗忘都越来越遥不可及的世界里，肯定是会产生后果的。

## 数字时代的遗忘与身份认同发展

今天，即使是小型事件也会在互联网的回音室中被无休止地重复。然而，有点令人惊讶的是，情况本来并非如此。早期，互联网曾承诺提供一个格外安全的空间，一个人可以

---

[1] Bert-Jaap Koops, "Forgetting Footprints, Shunning Shadows: A Critical Analysis of the 'Right to Be Forgotten' in Big Data Practice," *SCRIPTed* 8, no. 3 (2011): 234, 254.

不计后果地探索自己的极端政治立场、身份，以及欲望。[1]

在 20 世纪 90 年代，脱离物质世界，以及其中所有令人担忧和羞耻时刻的能力，被广泛称赞为互联网的最大承诺。正是这种承诺为我最早的网络社区与青年问题的研究提供了依据。1997 年年初，那还是在"博客"一词出现之前，我开始研究青年跨性别者的个人网站。我在托管网站"地理城市"（GeoCities）[2] 上从一个社区漫游到另一个社区，发现许多年轻人通过网络拥有了与其生理性别所不同的性别认同。当时，跨性别人士的权利还没有成为一个广泛的公共辩论话题，公众对跨性别青年的具体需求也基本没有什么认知。这些早期的个人网络空间，大部分位于"地理城市"

---

[1] 霍华德·莱因戈尔德（Howard Rheingold）在其《虚拟社区：电子边界上的家园》一书的原版导言中捕捉到了这种态度："不存在单一的、整体的、线上亚文化；它更像是一系列亚文化的生态系统，有些是轻浮的，有些则是严肃的。科学话语的前沿正在向虚拟社区迁移……同时，社会活动家与教育改革者也都将这一媒介作为政治工具来使用。你可以使用虚拟社区来寻找一个约会对象，也可以售卖割草机、出版小说、举办会议等。有些人还把虚拟社区用作一种心理治疗的形式。至于其他人……可能每周花 80 个小时或更多时间来假装自己是另一个人，过着在电脑之外不存在的生活。"Rheingold, *The Virtual Community: Homesteading on the Electronic Frontier* (Reading, MA: Addison-Wesley, 1993); available at http://www.rheingold.com/vc/book/intro.html.

[2] GeoCities 创办于 1994 年 11 月，提供网络托管服务，允许用户免费创建和发布网站，并可按主题或兴趣浏览其他用户创建的网站。在改名为 GeoCities 之前，该网站曾短暂地命名为 Beverly Hills Internet。1999 年 1 月 28 日，它被雅虎收购，当时它据称是万维网上访问量第三大的网站。在其最初的形式中，网站用户选择一个"城市"，在其中标示出他们网页的超链接。这些"城市"根据其内容以真实的城市或地区命名。例如，与计算机有关的网站被放在"硅谷"，而那些涉及娱乐的网站则被分配到"好莱坞"；该网站的名称由此而来。2009 年，雅虎宣布它将在同年 10 月 26 日结束美国的 GeoCities 服务。在 GeoCities 被终止之前，至少有 3800 万个公开页面，其中大部分是由用户编写的。——译者注

## 遗忘的尽头：与社交媒体一同成长

的"西好莱坞"（West Hollywood）社区，在那里，就像在真实的好莱坞西区一样，每个人都可以随心所欲地表达他们的性取向和性别认同，这些虚拟空间让脆弱的青年能够低风险地自由探索他们的身份认同。这种状况基本没有风险主要是由于当时人们使用网络的特定方式以及互联网本身的技术限制。这些早期的网站上没有照片或视频，大多数网站只有文字和剪贴画；创建者很少在他们的网站上附上自己的名字或地点，当然他们也没有理由这样做。对于我研究中的跨性别青年来说，互联网是一个安全的地方，可以让他们尝试在现实物质生活中无法探索的身份认同的某些方面。[1]

在 20 世纪 90 年代，相当多的人转向互联网，正是因为它承诺将他们从物质世界的桎梏和自身的历史中解放出来。在某种意义上，互联网是作为一个遗忘的空间而被接受的。

---

[1] 关于这项研究的一篇文章最初被收入玛丽·弗拉纳根（Mary Flanagan）与奥斯丁·布思（Austin Booth）主编的论文集《重新载入：再思网络空间中的女性》，该书由麻省理工学院出版社于 2002 年出版。但最后，出于道德方面的考虑，我从文集中撤回了我的文章。我们这些沉浸在研究网络社区和实践中的人，对我们在 20 世纪 90 年代所调查的对象身份及其社区充其量只有一个模糊的理解。我对于研究这些年轻人的个人网站的道德问题仍有许多挥之不去的疑问。例如：我是在探讨文本吗？如果是的话，它们是公共的还是私人的？或者，我是在窥探这些年轻人的私人空间吗？我的研究到底更像是在未经允许的情况下偷听别人卧室里的谈话，还是在分析一个人公开发表的观点？尽管这些担忧在 20 多年后听起来很滑稽，但对于当时许多从事所谓互联网研究的学者来说却是不容忽视的问题。20 年后，这些关于保护我的研究对象的伦理问题也揭示出，在早期的网络社区隐私问题有多么混乱。

## 第二章　数据主体时代的遗忘与被遗忘

正如社会学家雪莉·特克尔（Sherry Turkle）[1]在她1995年出版的《屏幕上的生活》一书中所写的那样："当我们穿过屏幕进入虚拟社区时，我们在镜子的另一面重建了我们的身份。"[2]特克尔当时认为，这一过程为我们提供了探索和扮演新身份的无限机会。但她仍然很谨慎地警告道："我们是在现实与虚拟之间的阈限上的栖身者，所以并不确定我们的立足点，我们是在前进的过程中创造了自我。"[3]不过，总的来说，特克尔早期关于网络社区的研究与当时更通行的观念是一致的，即互联网有可能使我们自由。[4]

在《屏幕上的生活》中，特克尔关注的是在线游戏世界和多用户域（MUDs），它允许任何拥有电脑、网络连接和基本电脑技能的人以自己喜欢的方式重塑自己，并探索当时在网络上激增的另类宇宙。特克尔指出，在这些空间里，"角色不一定是人类，并且有两种以上的性别。而玩家被邀请帮助创建这个电脑世界本身。只需使用相对简单的编程语言，他们就可以在游戏空间中创建一个房间，在那里他们能够设置舞台和定义规则"。这些世界对所有年龄段的人都开

---

[1] 雪莉·特克尔是美国麻省理工学院科技社会研究领域的教授。她在哈佛大学获得社会学学士学位，后来又获得社会学和人格心理学博士学位。她现在的研究重点是精神分析和人与技术的互动。她写了几本书，专注于人类与技术关系的心理学，特别是人们如何与计算性对象（computational objects）联系。——译者注

[2] Sherry Turkle, *Life on the Screen: Identity in the Age of the Internet* (New York: Simon and Schuster, 1995), 177.

[3] Ibid., 10.

[4] 参见 Rheingold, *The Virtual Community*.

### 遗忘的尽头：与社交媒体一同成长

放。特克尔在研究中提到，在一个空间里她遇到了一个 11 岁的玩家，她创建了一个叫作"公寓"的房间："房间里的家具非常精美。她还为自己的梳妆台创造了神奇的珠宝和化妆品。当她访问公寓时，她也邀请了网友一起来玩儿，在这里她会聊天，订购虚拟披萨，乃至调情。"①

对于 90 年代成长起来的儿童和青少年来说（甚至对当时的许多成年人来说），这正是互联网的吸引力所在。互联网与现实世界相隔绝，而与诸如《龙与地下城》等游戏的极客文化的联系更为紧密，它是一个充满幻想、角色扮演和身份认同试验的地方。诚然，至少有一些人在互联网的早期阶段只是做一些更为普通的事情（例如，创建 Hotmail 账号或是学习如何进行在线研究等），但对其他许多人来说，这是一个放弃自己的物质生活、生理习性和假定身份的地方，将自己的性别、种族、年龄和身体限制抛诸脑后，并在其他世界中活出其他身份。这是一个远离一切的地方——采用新的名字，释放特殊的性幻想，并进入多用户域来转换性别甚至物种。特克尔认为，这一特点使互联网成为身份认同发展的关键空间，尤其是对年轻人而言。②

为了支持自己的观点，特克尔求助于精神分析学家爱利

---

① Turkle, *Life on the Screen*, 10, 11.
② 愈发明显的是，即使是早期的网络社区也不是完全独立于物质世界的，特克尔的早期作品被批评为强化了虚拟与现实之间人造的二元对立。然而，《屏幕上的生活》一书在出版时确实捕捉到了对新兴虚拟空间及其与所谓现实世界的关联的广泛共识。

克·埃里克森（Erik Erikson）[1]的研究，特别是他所提出的社会心理层面上的"合法延缓期"（moratorium）概念。在1950年出版的《童年与社会》中，埃里克森认为青少年的思想"本质上是一种合法延缓期的思想，是介于童年和成年之间的社会心理阶段，也是介于儿童习得的道德和成人所养成的道德之间的阶段"[2]。尽管埃里克森选择了这样的措辞，但他并不认为青少年时期是一个延缓经历的阶段。特克尔解释说，合法延缓期"不是指重要的经验，而是指其后果"[3]。特克尔和埃里克森都承认所有的经历都会产生后果，但他们也都指出，青少年时期被普遍理解为一个无风险的试验阶段，而且这种试验是为特定的社会目的服务的。[4] 埃里克森在他1968年出版的《身份认同：危机中的青年》一书

---

[1] 爱利克·埃里克森是德裔美国发展心理学家和精神分析学家，以其关于人类心理发展的理论而闻名。他创造了"身份危机"一词。尽管没有大学学位，但埃里克森曾在哈佛大学、加利福尼亚大学伯克利分校和耶鲁大学等名校担任教授。2002年发布的《普通心理学评论》调查报告将埃里克森列为20世纪最杰出的心理学家之一。——译者注

[2] Erik H. Erikson, *Childhood and Society*, 2<sup>nd</sup> ed. (New York: Norton, 1963), 262-263.

[3] Turkle, *Life on the Screen*, 203.

[4] 虽然这在许多地方可能真是如此，但关键是要指出，尝试甚至从事"不良"行为的代价对某些年轻人来说，要比其他人高得多。一个白人青少年从零售商那里偷了一件衣服，可能会被抓到，但很少有白人青少年偷窃者会因为他们的轻微罪行而受到严厉的惩罚。但若是一个黑人青少年在同样的情况下偷窃同一件衣服被抓住，他可能因其违法行为而受到永久性的影响。根据全美有色人种协进会（NAACP）的资料，非裔美国儿童占被捕儿童的32%，占被拘留儿童的42%，占案件被司法部门移交给刑事法庭审理的儿童的52%。参见NAACP, Criminal Justice Factsheet, http://www.naacp.org/criminal-justice-fact-sheet。

## 遗忘的尽头：与社交媒体一同成长

中，将社会心理上的合法延缓期描述为"一个以社会的选择性放任（selective permissiveness）和青年的挑衅性玩兴（provocative playfulness）为特征的时期"。他继续指出："每个社会和每个文化都为大多数的年轻人制度化了某种特定的合法延缓期……合法延缓期可能是盗马与寻梦的时期，可能是四处漫游或者去'西部'或'南部'谋生的时期，也可能是'迷惘的青春'或校园生活的时期，乃至自我牺牲或做恶作剧的时期。"[1] 无论一个人是在追求理想，还是在滑雪场工作，或者只是逃课去参加聚会，这种合法延缓期长久以来一直发挥着非常重要的作用。用特克尔的话说，"合法延缓期有利于发展出一个核心的自我，一种赋予生命意义的个人感觉"[2]。

当然，埃里克森和特克尔是在不同的时代进行写作的。20世纪50年代初，当《童年与社会》首次出版时，甚至是在20世纪60年代初该书修订版发行的时候，在埃里克森所生活与反思的世界中，人们更容易将青少年阶段甚至大学时代视为一种"暂停时期"，这时候的年轻人可以自由地进行试验并且后果相对较小，换言之，如果他们有性别和种族特权的话，是可以这样做的。而当特克尔在20世纪90年代初撰写《屏幕上的生活》时，世界正处于不断的变化之中。大学生面临的是竞争日益激烈的就业市场和低迷的经济环

---

[1] Erik Erikson, *Identity: Youth and Crisis* (New York: Norton, 1968), 157.
[2] Turkle, *Life on the Screen*, 203.

境，并且艾滋病危机改变了性行为试验的赌注——突然之间，性行为的最坏后果不再只是心碎失恋或者意外怀孕，而是死亡。但这正是特克尔认为网络社区将在青少年生活中发挥尤为重要作用的原因。她坚定地指出，虚拟社区"允许玩耍，可以尝试各种事物。这也正是它们具有吸引力的重要原因"①。如果青少年的"合法延缓期"被理解为个人发展的关键阶段——一个人们可以尝试各种仪式、信条和计划的试验时期，并作为"寻找指引身份认同的社会价值"的更长过程中的一个环节——互联网则承诺提供这样一个空间，使这种不计后果的试验可以安全地持续下去，即便是在经济不稳定和艾滋病泛滥的时期。②

然而，最终互联网的发展将出现一个截然不同的转折——现在正使得青少年在合法延缓期的行为后果面临风险。事实上，合法延缓期的基础是一种社会共识，即青少年时期是一个年轻人应该能够以"寻找自我"的名义承担某些风险，甚至在这个过程中犯一些错误的时期。但是在21世纪的第二个十年，可以安全地进行这种自我发现而不产生后果的空间正在迅速缩小。

到了21世纪初，网络已然成为一个完全不同的空间。随着社交媒体平台的出现，从2004年的脸书开始，人们发布到网络上的东西越来越与他们的现实身份联系起来。虽然

---

① Ibid., 204.
② Erikson, *Childhood and Society*, 263.

### 遗忘的尽头：与社交媒体一同成长

一开始可能并不明显，但社交媒体平台的兴起就是为了缩小虚拟与现实之间的差距，而这个差距的存在原本是互联网的一个决定性特征。诚然，幻想空间仍然在蓬勃发展（例如在虚拟世界《第二人生》中），并且它们在网络游戏中也还是存在的，但社交媒体最终被证明比早期由幻想驱动的网络空间更加流行和普遍。然而，随着现实开始主导网络空间，另一个转变发生了：网络空间开始要求用户以他们的真实身份注册使用。创建电子邮件账户而不核实个人真实身份的日子早已过去。越来越多的网站也开始以付费观看或付费使用的方式来运作。对青少年来说，大量资讯现在都在付费之门的背后了，只有在得到父母许可和信用卡使用权限的情况下才能够访问。同时，对成年人来说，日常生活中更多的琐碎内容，如办理银行业务和支付水电费等，也都开始转移到网上。这样一来，青少年就无法再作指望，即使是最勒德分子式的父母也不可能对网络世界一无所知。网络曾经是通往另一个世界的神秘之门，在那里人们可以采用另一种性别，甚至插上翅膀，或是与神话中的生物发生性关系，但现在的网络看起来更像是日常生活。当时许多用户并不知道，这也是我们的数字足迹开始以更快的速度积累的时候。在新千年的第一个十年结束之时，曾经被称为"赛博空间"（一个从科幻小说中恰当地借用过来的概念）的领域，还承诺过会帮助我们忘记自己的真实身份，现在反而成了遗忘和被遗忘的障碍。

## 重建社会心理合法延缓机制

连招聘人员和人力资源专家也都欣然承认，现在很少有人不经过初步的在线搜索就招人进来。许多招聘人员甚至雇用第三方来挖掘求职者的数据，这些数据可能还不是通过谷歌的初步搜索就能轻易获取的。求职者也经常因为他们的数字足迹给人留下了不光彩的印象而被拒之门外。[①] 但是，招聘人员并不是唯一在意这些东西的人。有可能成为一家人的情侣现在也会被对方的家人进行广泛的线上搜查，而从协同办公空间到夏令营的各个领域的申请者也都面临类似的情形。在过去，一次面谈就足够了，而现在加上一道搜索环节越来越成为常态。从某种意义上说，每个人都已经成为他们在线档案的总和。[②] 但是，随着这种转变，一些重要的东西，例如一些年轻人在某些情况下曾经认为理所当然的社会

---

[①] 这一趋势在 2012 年就已经牢固确立了。当时，《哈佛商业评论》刊登了一篇文章，题目就是《你未来的雇主正在网上关注你，而你也应该这样做》。作者迈克·弗迪克（Michael Fertik）写道："招聘人员和招聘经理已经在很大程度上依赖互联网来研究求职者了。多项研究令人信服地表明，超过 75% 的雇主主动在网上研究过求职者。他们进一步指出，超过 70% 的雇主都曾根据他们在网上发现的东西而决定淘汰某位求职者。研究显示，招聘人员不只是在搜索引擎上查找人，而且会通过社交媒体上的个人资料、线上购物记录、在线游戏网站、分类信息和拍卖网站（想想 eBay 和 Craigslist 吧），甚至是在诸如《第二人生》这种虚拟世界里进行深入挖掘！" Fertik, "Your Future Employer Is Watching You Online. You Should Be, Too," *Harvard Business Review*, Apr. 3, 2012, https://hbr.org/2012/04/your-future-employer-is-watchi.

[②] Natasha Singer, "New Item on College Admission Checklist: LinkedIn Profile," *New York Times*, Nov. 5, 2016, BU6.

### 遗忘的尽头：与社交媒体一同成长

心理的合法延缓期，也丢失了。那么问题来了，我们如何才能恢复甚至扩大这种合法延缓期？

为数据删除立法是一种回应办法，尤其是针对未成年人的立法（例如《加利福尼亚州未成年人在数字世界中的隐私权法案》）。然而，这种零散的法案本身可能不足以为青少年重新建立一个社会心理上的合法延缓期。世界各地的年轻人作为消费者和生产者已经被深深卷入数字生活，在一些司法管辖区给予一些青少年特殊的数据删除权并不能解决更普遍的问题。

如果合法延缓期不是以法律为依据，而是以技术为依据来建立，又会怎样呢？在《删除：大数据取舍之道》一书中，维克托·迈尔－舍恩伯格（Viktor Mayer-Schönberger）[①]认为，现在是"重置"平衡的时候了，"让遗忘变得比记忆更容易一点"。他的建议并不要求任何全面性的法律解决方案；相反，他提出了几个替代方法，其中就包括一个技术解决方案，即通过允许用户为存储在网上的信息设置失效日期来模拟人类的遗忘机制。他解释道，这种失效日期"并不是要强行遗忘。它们关乎的是一种有意识的人类行动，也就是要求人类思考——哪怕只是片刻——他们想要存储的信息

---

① 维克托·迈尔－舍恩伯格是英国牛津大学互联网研究所的互联网治理和监管教授，他从事网络经济的研究。他曾在哈佛大学肯尼迪政府学院任教十年。他所著的《删除：大数据取舍之道》一书获得了 2010 年马歇尔·麦克卢汉杰出图书奖和 2010 年唐·普莱斯科技政治学最佳图书奖。他还撰写了一百多篇文章和书籍章节。舍恩伯格是德国数字委员会的成员，曾为默克尔和她的内阁提供咨询服务。——译者注

## 第二章 数据主体时代的遗忘与被遗忘

可能会保有多长时间的价值和作用"①。乍一看，这个建议听起来既合理又可行，但这样一个解决方案会被广泛接受吗？也就是说，是否真的存在一种集体愿望，希望数字信息随着时间的推移而消失，特别是在儿童和青少年之中？在这一点上，色拉布是一个特别引人注意的案例。

色拉布于 2011 年推出，是一款社交媒体平台，可以在限定好的时间内分享文字和图片。在被浏览之后，"快拍"就会自动删除。该平台主要针对千禧一代，但很快就为包括许多儿童在内的年轻群体所普遍接受。起初色拉布似乎只是提供了一种合法延缓机制，使年轻人能够在网上与他人自由分享和联系，而不会产生长期后果。理论上，通过色拉布，一个人可以分享一些愚蠢的甚至是有损形象的文字或图片，而不必担心这些东西会在未来给他们带来麻烦（事实上，照片从服务器上删除后会被缓存起来，但由于文件扩展名被改变，所以很难检索到）。早期，色拉布作为社交媒体市场的一个有益补充也颇受欢迎，它甚至为一些年轻社交媒体用户的父母所接受，认为这是比照片墙（Instagram）或脸书"更安全"的选择。然而，这种支持很快就消失了，因为批评者开始认为该应用程序所内置的删除图像的功能实际上是在鼓动冒险行为，尤其是在年轻用户当中。没过多久，该应用就受到了舆论攻击，被认为是为发送色情短信而设计的平

---

① Viktor Mayer-Schönberger, *Delete: The Virtue of Forgetting in the Digital Age* (Princeton: Princeton University Press, 2009), 172.

### 遗忘的尽头：与社交媒体一同成长

台。社交媒体学者丹娜·博伊德（danah boyd）① 认为，这种看法主要是由记者推动的。②

事实上，无论是该应用程序所宣称的阅后即焚，还是批评者声称的它主要用于发送色情短信，都并不完全正确。原始版本的色拉布确实限制了用户存储图像和文本的能力，但并不是图像在被分享后就立即简单地消失掉。精明的用户很快就学会了如何绕过这些限制：他们会对应用程序上分享的图片进行截屏，然后保存下来或是在其他平台上进行再次传播。③ 一些关于人们如何以及为何使用色拉布的研究也显示，色情短信的传言同样被夸大了。在2014年对一百多名成年人的调查中，只有1.6%的受访者表示主要使用色拉布来发送色情短信；14.2%的受访者则宣称只是偶尔用它来做这事；而近乎四分之一，即23.6%的受访者解释他们只不过是将其用于"发送色情玩笑短信"——将色情或准色情

---

① 丹娜·博伊德是美国微软研究院的合作研究员，也是研究机构"数据与社会"的创始人，乔治敦大学的杰出客座教授，她主要研究技术和社会之间的交叉领域，尤其是年轻人如何使用社交媒体作为其日常实践的一部分。最近，她专注于理解当代社会不平等与技术和社会之间的关系。多年来，她发表了许多关于媒体操纵、算法公正、社交媒体、隐私、青少年欺凌、数字后台渠道和社会可视化设计等相关主题的论文。——译者注

② danah boyd, *It's Complicated: The Social Lives of Networked Teens* (New Haven: Yale University Press, 2014), 64.

③ 至少从2014年开始，就有第三方应用程序，如快存（Snapsaved），来帮助色拉布用户保存他们的快照。虽然用户普遍欢迎这种干预措施，但快存却受到了舆论攻击。的确，在2014年，估计有20万张快照被黑，据称最后还出现在了暗网上，由此引来大量指责。Caitlin Dewey, "The Snappening Is Not a Hoax," *Washington Post*, Oct. 4, 2014.

内容作为玩笑来发送。① 在关于青少年和社交媒体的研究中，博伊德得出了类似的结论："在询问青少年关于色拉布的使用情况时，"她写道，"我发现大多数人使用该应用程序就是想要表明这上面的图像他们并不打算留作纪念。于是他们会分享圈内笑话和愚蠢恶搞的照片，以及只有放在当下语境才显得有趣的那种图像。他们并没有把色拉布平台上的照片看作一种档案产品，而是把这些数字图像的创造与分享看作一种即时的姿态。应该说他们正是用色拉布来表达这种期望。"②

色拉布在这里值得特别关注，因为它与时间和记忆有着独特的关系。一方面，用户似乎因为色拉布阅后即焚的特点而非常喜欢这款应用。另一方面，他们又迅速破坏了该平台的这一特性。最初是拍客们，而不是色拉布平台自身，找到了捕捉和存储快照的创新手法。最终，该公司跟随他们的步伐，推出了一个被称为"无限"的定时器设置，以允许用户永久访问该平台上的快照。③ 所以色拉布的案例强调的是，年轻人可能会拒绝任何旨在为他们在网上生成和发布的信息设置有效期的干预措施。

---

① Franziska Roesner, Brian T. Gill, and Tadayoshi Kohno, "Sex, Lies, or Kittens? Investigating the Use of Snapchat's Self-Destructing Messages," in *Financial Cryptography and Data Security*, ed. Sarah Meiklejohn and Kazue Sako（New York：Springer, 2014), 67.

② boyd, *It's Complicated*, 64.

③ 色拉布的"无限"设置功能于 2017 年 5 月 9 日推出，参见 https://www.snap.com/en-US/news/post/limitless-snaps.

### 遗忘的尽头：与社交媒体一同成长

　　这种拒绝的原因无疑是复杂的，但其中一个因素可能是，青少年的感性和怀旧情绪特别浓厚，而且往往表现为各种类型的收藏欲。任何刚步入青少年时期的人（或目前与青少年生活在一起的人）都会明白，青少年通常坚持保留哪怕明显多余的物品（例如票根、节目单、滑雪缆车通行证、瓶盖、过大的 T 恤，等等）。这些东西不能被完全看成是纪念品，用文学评论家苏珊·斯图尔特（Susan Stewart）[①]的话说，它们是"媚俗的物品"（kitsch objects）——价值并非体现在金钱上，而是体现在带有某种集体实践、经验或身份方面意义的消费物品。斯图尔特认为，它们是"一个时代而非某一个人的纪念品"，这也是为什么它们"倾向于在强烈的社会化时期，即青少年时期被积累起来"[②]。这些物品使青少年能够相信这样一种幻觉，即他们可以抓住其不忍心放手的那些事物（例如，一段浓烈的感情或是特别难忘的经历）。在数字时代，青少年仍然在不断地收集，而且除了物质性的照片（例如在照相亭拍下的长条快照）和实体物品之外，他们也在积攒数字物品。色拉布的案例还表明，任何试图在数据上设置有效期的行为——即使是由个人用户自己设置的——都有可能面临一个强大的对手：青少年通常对各种人工制品，包括数字人工制品有着强烈的依

---

　　① 苏珊·斯图尔特是一位美国诗人和文学评论家。她是阿瓦隆基金会大学人文科学教授和普林斯顿大学英语系教授。——译者注

　　② Susan Stewart, *On Longing: Narratives on the Miniature, the Gigantic, the Souvenir, the Collection* (Durham, NC: Duke University Press, 1993), 167.

恋感。尽管青少年的多愁善感和怀旧情绪可能已经对遗忘构成了意想不到的挑战，但 21 世纪的遗忘还面临着更大的阻碍。

# 第三章　屏幕、屏蔽记忆与童星

69　　要预测童年与青少年的身份永久存在带给个人的长期影响，其实是很困难的，部分原因是历史上几乎没有发生过类似的事情。一个值得注意的例外情况是童星（childhood celebrities）的命运。电视节目和娱乐杂志尤其热衷于挖掘并报道这方面的题材，几乎任何人都可能讲出至少一位年轻明星陨落的故事。如果说这些故事是各类小报的常规储备，那很可能是因为它们几乎总是呈现出一个有迹可循的故事线，并以某个无须额外介绍的知名人物为中心。在这些典型的丑闻八卦中，还蕴含着一个常见的假设：青少年时期的过度曝光是非常危险的——几乎就是通往药物滥用、犯罪、监禁甚至早逝的必经之路。可悲的是，这个假设似乎说对了一些事。

　　关于童星的危险遭遇，最常见的警示故事之一便是20

第三章　屏幕、屏蔽记忆与童星

世纪 70 年代在情景喜剧《小顽童》（*Diff'rent Strokes*）[①] 中扮演一组兄弟姐妹的三个年轻演员的故事。在这部情景喜剧中，一个名叫德拉蒙德先生（Mr. Drummond）的鳏夫在他的女仆去世后收养了她的两个非裔美国儿子——阿诺德·杰克逊（Arnold Jackson）和威尔逊·杰克逊（Wilson Jackson）兄弟。这两个男孩从纽约的哈林区搬到上东区，与德拉蒙德和他十几岁的女儿金伯利（Kimberly）一起住在公园大道的宽敞公寓里。这部情景喜剧兼顾了诙谐幽默与深刻严肃的话题，从种族主义和药物滥用，到儿童绑架和强奸等。在该节目被停播后的几十年里，《小顽童》的三个童星仍然不断登上头条新闻，但不是作为演员。首先，扮演阿诺德的加里·科尔曼（Gary Coleman）起诉他的父母和经纪人挪用资金。尽管通过官司得到了一百万美元的赔偿，但科尔曼后来还是申请了破产，最终在一家购物中心当起了保安。随后在几起广受关注的暴力事件之后，科尔曼便因脑损伤而死亡，年仅42岁。[②] 而此时，他的搭档丹娜·柏拉图（Dana Plato），即金伯利的扮演者，也已经自杀了。柏拉图与科尔曼一样，在《小顽童》播出之后的几年面临极其严峻的经济问题。在她

---

[①] 《小顽童》是一部美国电视情景喜剧，于 1978 年 11 月 3 日至 1985 年 5 月 4 日在 NBC 电视台播出，于 1985 年 9 月 27 日至 1986 年 3 月 7 日在 ABC 电视台播出。该剧使几位主演成为著名童星，并以"非常特别的剧集"而闻名，其中对种族主义、药物滥用、酗酒、搭便车、绑架和儿童性虐待等严肃问题进行了戏剧性的探讨。——译者注

[②] Anita Gates, "Gary Coleman, 'Diff'rent Strokes' Star, Dies at 42," *New York Times*, May 28, 2010, A23.

## 遗忘的尽头：与社交媒体一同成长

34岁去世之前，她曾做过各式各样收入微薄的工作，例如为《花花公子》当模特，并拍摄过一部软色情电影，名为《小淘气》(Different Stroke)①，此外她还拿着玩具枪抢劫过一家音像店。② 这部情景喜剧中唯一幸存的儿童演员是扮演威利斯的托德·布里奇斯（Todd Bridges）。虽然布里奇斯最终回到了演艺界，但他在该剧结束之后不久因吸食可卡因上瘾而被捕入狱。为了最终走出自己的过去，布里奇斯在2010年出版了一本名为《杀死威利斯》的回忆录来坦白一切。③ 但就像许多童星一样，布里奇斯所面临的问题是，要想"杀死"他在青少年时期的自我是异常困难的，因为他过去的身份（或至少是他曾经演绎的那个虚构的青少年形象）将会持续存在。

---

① 英文片名显然是在戏仿前述作品 Diff'rent Strokes，该短语有可能出自俚语 Different strokes for different folks（直译为"不同的人有不同的招数"），意为不同的人需要不同的处理方式，或者说有些方式适合某些人，而不适合所有的人，即因人而异。据说，这句话起源于20世纪60年代的美国，拳王阿里是第一个使用这句话的人，他在1966年接受采访时解释了他在拳击场上的拳击风格。他说："我对不同的人有不同的招数。"从那时起，这句话便非常流行。而在 Diff'rent Strokes 这部情景喜剧中，这可能是一种通过拼写模仿非洲裔美国黑人方言英语（AAVE）的做法，例如片中每当威利斯说了一些让阿诺德困惑的事情时，科尔曼就会说：What chu talkin' bout, Willis? 除了方言语音之外，文字书写本身也有讲究，把 Different 写成 Diff'rent 或许还暗示了哈林区（两个男孩的出生地）和他们搬去的公园大道（德拉蒙德先生的家）之间的经济差异，也就是租金（rent）上的差异（differ）。——译者注

② Associated Press, "Dana Plato, 34, Star of 'Diff'rent Strokes,'" *New York Times*, May 10, 1999; Virginia Heffernan, "Revealing the Wages of Young Sitcom Fame," *New York Times*, Sept. 4, 2006.

③ Todd Bridges with Sarah Tomlinson, *Killing Willis: From Diff'rent Strokes to the Mean Streets to the Life I Always Wanted* (New York: Simon and Schuster, 2011).

## 第三章 屏幕、屏蔽记忆与童星

尽管小报对童星的命运十分关注，但并不是所有的儿童演员最终都会误入歧途。对于每一位科尔曼、柏拉图或布里奇斯来说，他或她也都有可能走向成功的成人演艺事业，或者干脆转换职业轨道，从事与娱乐圈毫不相关的工作，过上一种不那么引人注目的生活。的确，成年之后依然星路坦荡的童星与那些没能发展起来的童星之间的差异无疑取决于多种因素，但对儿童表演者日益严格的监管至少可以部分地缓解过去长期困扰他们的一些问题。在美国的电影产业中心，包括纽约州和加利福尼亚州，凡是在剧院工作或在电视电影作品中当演员的未成年人，都会得到一系列劳动和儿童保护法规的支持，尽管这些法规并不是在所有的司法管辖区都适用。总之，这些法规明确规定了年轻演员的工作时间和期限，并保证了他们继续上学的权利（要么在网上学习，要么在线下私人教师的帮助下完成高中学业）。并且，在纽约和加州，年轻演员收入的15%必须转入一个信托基金，以确保他们至少有一些储蓄能够用于未来的生活。此外，亦有其他法规旨在保护儿童表演者的健康、道德以及公共福利等。①

然而，即便是在纽约和加州，目前这些保护性法规也并

---

① 参见美国纽约州劳工部关于儿童表演者的规定（https://labor.ny.gov/workerprotection/laborstandards/secure/child_index.shtm）以及未成年明星权益保护法《库根法》（Coogan Law）（https://www.sagaftra.org/membership-benefits/young-performers/coogan-law/coogan-law-full-text），which is in effect in only four states: New York, California, Louisiana, and New Mexico.

**遗忘的尽头：与社交媒体一同成长**

非覆盖了所有童星。随着社交媒体的普及，如今出现了越来越多的年轻名人，他们的财务状况及其健康和公共福利都不在那些原本旨在保护青年艺人的劳动法律和法规的适用范围之内。[①] 但是令人惊讶的是，迄今为止，这种社交媒体时代的童星经历所带来的短期和长期影响却很少受到心理学家、法律学者和媒介理论家的关注。当然这也可能反映了一个事实，即社交媒体名人与前几代名人并没有太多共同之处。他们中的许多人都是在意料之外获得了名声，而且往往是源于个人行为而不是公共活动。事实上，这些社交媒体名人，包括幼儿、儿童和青少年，其成名的独特之处恰恰就是让人们走进他们的私人与私密世界，包括从卧室到厨房等日常空间。在这方面，今天这些最年轻的社交媒体名人与迪翁五胞胎（Dionne quintuplets）的共同点可能比他们与大多数年轻演员的共同点还要更多。迪翁五胞胎姐妹于1934年出生在加拿大安大略省，她们的童年大部分时间都是在政府经营下的一个名为昆特兰游乐场的玻璃墙后面度过的。一如今天许多年轻的社交媒体名人一样，围观者们（十年间估计有300万人）透过单向屏幕现场就地观赏她们，看着她们玩耍和

---

[①] 在《库根法》生效的美国各州，任何将社交媒体上童星的名气变现的行为都应受法律约束，但有一点存在相当大的模糊性，因为从历史上看，儿童艺人被认为是受雇的，但儿童和青少年社交媒体名人在技术上并不具备一个被雇佣的身份。2017年，《纽约时报》的一名记者问加利福尼亚州的一位检察官，《库根法》是否适用儿童社交媒体名人。他的回答是，"这些都还是未知之域。" Katherine Rosman, "Why Isn't Your Toddler Paying the Mortgage?" *New York Times*, Sept. 27, 2017.

饮食。几十年后，幸存的迪翁姐妹因其在儿童时期被过度展示所遭受的侵犯而得到了省级政府的赔偿。[1] 但是，今天的儿童社交媒体名人的命运又将如何呢？正如接下来所讨论的那样，这确实是一个难以回答的问题，部分原因是这些名人绝不是一个同质化的群体。他们如何获得各自的网络名气，牵涉不同程度的能动性、认知度乃至共谋关系。对幼儿、儿童和青少年来说，网络明星身份的短期与长期后果可能既是某种赋权，也是具有破坏性的。

## 婴儿图像与婴儿迷因（Memes）[2]

"婴儿"是互联网上最受欢迎的图片类别之一。应该说从许多方面来看，网络对婴儿的迷恋只是摄影活动对他们长期关注的某种延伸。自摄影术发明以来，婴幼儿一直都是一个颇受欢迎的主题，相机制造商也经常用他们作为噱头来推销新技术。随着数码摄影和社交媒体平台的出现，传播流通

---

[1] Ian Austen, "2 Survivors of Canada's First Quintuplet Clan Reluctantly Re-emerge," *Globe and Mail*, Apr. 3, 2017, Al.

[2] Meme 的概念源自希腊语 mimema，由英国生物学家理查德·道金斯在其 1976 年出版的著名科普书籍《自私的基因》中简化创造而来，被认为是基因的文化类比物，他将 meme 定义为文化传播的小单位，其传播过程就是语言、观念、信仰、行为方式等的传递过程。此概念在该书的不同中译本中也有多种翻译，如谜米、觅母。其他译法如迷因、模因、媒因、米姆、弥、弥母、文化基因等散见于各类中文著作与论文中。互联网极大促进了 meme 的传播与研究，与本书相关的如视频或图片的加工、创造、复制、赋义等过程，体现了网络用户的主动性、创造性和参与性。据此，本书将在强调其作为学术概念时译为"迷因"，而在具体叙述中也会根据上下文译为"梗图""表情包"等。——译者注。

**遗忘的尽头：与社交媒体一同成长**

中的婴儿照片数量急剧增加。这些照片的类型与用途也是如此。尽管很难确定每天到底有多少张婴儿和儿童的照片被发布在网上，但至少有一项研究表明，将自己孩子的照片发布到网上的做法几乎是普遍的。2016年，一项对127位母亲的研究发现，其中98%的母亲曾将其新生儿的照片发到脸书上，并且这里面80%的母亲还将孩子的照片放入自己的网络个人档案。[1] 而2015年的一项对2000名英国家长的调查也显示，每位家长平均每年在网上发布近200张孩子的照片，这意味着等到大多数孩子在5岁进入幼儿园时，就已经有近千张他们的照片在网上流传了。[2]

随着数码摄影、照相手机和社交媒体平台的到来，拍摄与传播变得更加容易和便宜了。在此情况下，除了婴幼儿的照片与视频的数量剧增以外，这些影像的内容也发生了变化。2015年的一项对几百名美国人的调查显示，大多数父母现在都会使用社交媒体（84%的母亲和70%的父亲）。在这些家长中，大多数人（74%）也都表示至少认识一位在他们看来是"过度分享"自己孩子的家长，而56%的被调查对象声称曾看到过别的家长发布的关于孩子的尴尬内容。

---

[1] Sarah J. Schoppe-Sullivan, Jill E. Yavorsky, Mitchell K. Bartholomew, et al., "Doing Gender Online: New Mothers' Psychological Characteristics, Facebook Use, and Depressive Symptoms," *Sex Roles* 76, no. 5-6 (2017): 276.

[2] Parent Zone, "Today's Children Will Feature in Almost 1,000 Online Photos by the Time They Reach Age Five," Nominet, May 26, 2015, https://www.nominet.uk/todays-children-will-feature-in-almost-1000-online-photos-by-the-time-they-reach-age-five/.

此外，51%的人认为其他家长在社交媒体平台上暴露了他们孩子的行踪，27%的人报告称有家长发布了关于他们孩子的不雅照片。① 当然，有些父母在这方面总是缺乏判断力，例如，去拍一部自家两岁小孩学习使用便盆的家庭电影，然后在孩子13岁的生日派对上公开放映出来——在过去，这样的事情相对不那么常见。一对父母得有强烈的愿望来拍摄这样的场面，才会费尽心思将胶片装入相机然后及时地拍下来。由于这类影像的底片必须由第三方来冲洗，因此也有可能在冲洗厂就被警惕的工作人员给剪掉了。相比之下，今天的父母在做日常家务和带孩子的时候，手中或兜里往往就有一部装有摄像头的手机，可以随时拍摄。再加上现在人们可以在没有第三方干预的情况下进行图像传播，如此一来，很多自发性的、在内容上往往也不太恰当的婴幼儿图像就会持续在网上扩散。但问题是，父母们在分享什么，为什么要分享，甚至在很多情况下还会过度分享？

至少有一项研究发现，在网上发布和传播孩子的照片和故事的这种被称为"晒娃成癖"（sharenting）的情况，在母亲尤其是在新手妈妈中，通常比在父亲中要更为常见。② 有些研究人员推测，这是因为母亲通常更有可能独自在家里照

---

① Mott Poll Report, "Parents on Social Media: Likes and Dislikes of Sharenting," National Poll on Children's Health, C. S. Mott Children's Hospital, University of Michigan, Mar. 16, 2015, https://mottpoll.org/sites/default/files/documents/031615_sharenting_0.pdf.

② Ibid.

### 遗忘的尽头：与社交媒体一同成长

顾年幼的孩子，而在社交媒体上晒娃是打破孤独感的一种方式。但这并不是说父亲们就不会分享或过度分享。正在我写这一章的时候，一位名为杰西·马布-菲亚·希尔（Jesse Mab-Phea Hill）的父亲兼博主就在脸书上发布了关于他家里发生的"臭味事件"的一段话和几张照片。希尔正准备吃蛋糕、看优兔（YouTube）视频，享受一个轻松的下午时，忽然闻到了一股难闻的气味。在排除了他的一只狗犯事的可能性后，他便上楼去查看他的孩子。可他接下来看到的情况比预期的还要糟糕："她站在婴儿防护门前，光着屁股，拿着她的尿布，从头到脚都是自己的粪便。我说的可不是什么她身上沾到了一点儿便便，而是层层叠叠的人类粪便，覆盖了她的胳膊、腿、脸和头发！"[①] 就在他短暂离开的那会儿工夫，他的孩子不仅把粪便糊在自己身上，而且糊满了自己的整个房间。他还附上了他女儿和卧室里留下的脏东西的照片。希尔的叙述引起了许多人的共鸣。几天之内，他的帖子被分享转发了十几万次，世界各地的杂志和报纸（讽刺的是，包括妇女杂志《好管家》）都发表了关于希尔的粪便之灾的报道。当然，需要明确指出的是，帖子或照片中并没有任何迹象表明希尔想让他的女儿受到任何伤害，事实上，绝大部分人在回复帖子时也都很欣赏他对带娃生活悲惨一面的幽默坦白。但是他的女儿呢？当她最终发现（或是她的朋

---

[①] Jesse Mab-Phea Hill, "Shitty Day," Parenthood: The Struggle blog, https://parenthoodthestruggle.wordpress.com/2017/05/20/shitty-day/.

第三章　屏幕、屏蔽记忆与童星

友、同学们发现）她在生命中第一个广为人知的时刻是以一个沾满粪便的幼儿形象出现时，她会有什么感受？

对大多数父母来说，在网上发布自己孩子的图像只不过是与家人和朋友，有时候是与更大范围的虚拟社区，分享育儿快乐与烦恼的一种方式罢了。但对少数父母来说，分享的冲动是由其他因素驱动的，其中就包括金钱因素。

现在有越来越多的年轻名人，他们的待遇和收入不受任何法规的保护。其中如加文（Gavin）这样的孩子，他的各种情绪和面部表情为他在充斥迷因的网络世界中赢得了明星般的地位。从2013年加文在2岁时第一次进入梗图生活到现在，加文对他的名人身份几乎没有任何控制权。他的那位30岁的叔叔尼克·马斯托顿（Nick Mastodon）之前因在Vine（一款视频分享应用程序）上发布挑衅性的帖子而闻名，他便是加文成名的最初策划者。① 随着表情包的扩散，加文的母亲凯蒂·托马斯（Katie Thomas）也开始传播它们。没过多久，加文的图片就成为流传最广的儿童表情包之一，但我们不知道加文对自己的名气是否有清楚的认知，或是对其产生的收益有所掌控。加文的叔叔和母亲都公开表示过，他们正在努力为加文的"大学基金"预留出资金，但加文通过他的表情包"作品"已经直接和间接创造了多少收入（除了他在社交媒体上的亮相，他的母亲还以每件20

---

① Vine是一个视频托管网站，成立于2012年。到2015年，该网站估计有2亿用户。2016年，它突然被关闭，尽管其内容仍然可以访问。Vine视频同时在Vine和其他社交媒体网站上传播，包括脸书和推特。

107

## 遗忘的尽头：与社交媒体一同成长

美元的价格出售印有加文图像的 T 恤衫），以及到底有多少钱被存入大学基金，这些都是未知数。① 显而易见的是，与在舞台上或片场工作的儿童演员不同——至少他们是在严格的儿童艺人法律的司法管辖区内，没有什么规定来说明谁可以从加文的收入中获益，也没有任何办法来限制这种对他日常生活所造成的干扰，而且未来他的生活仍可能继续被曝光和破坏。

但加文只不过是众多处于这种情况的儿童中的一个。自 2010 年以来，越来越多的父母、监护人、祖父母和其他亲戚朋友都开始将婴儿和儿童的视频、照片发到网上进行传播。虽然这些帖子大多是给家人和朋友看的，但也有一些是为了引起人们的注意或获得一些经济利益而发布的。马修（Matthew）的情况基本上就是如此。马修的父亲迈克·周（Mike Chau）是一名纽约人和美食家，他自 2012 年以来在点评网站 Yelp 上发布了超过一千条评论。在他儿子出生之前，周就已经在这个平台上留下了大量评论，但他最终获得广泛关注实际上是源于他在马修出生之后所发布的那些帖子。周的评论与大多数 Yelp 评论不同——他总是会配上一张宝宝马修的照片。从马修对一盘高大上的意大利面毫不感兴趣的小眼神，到他面对一块巧克力酱开心果蛋糕的兴奋表情，马修的照片在 Yelp 上获得了大量关注。其直接影响便

---

① Brian Feldman, "Who Is Gavin? And Why Has He Taken Over Twitter?" *New York Magazine Intelligencer*, Aug. 12, 2016, http://nymag.com/selectall/2016/08/meet-gavin-the-five-year-old-meme-star.html.

第三章 屏幕、屏蔽记忆与童星

是他的父亲现在经常受到纽约餐馆老板的青睐，他们向周的全家人免费提供餐饮，希望借此得到周在 Yelp 上的好评。①但是，马修会不会早晚有一天埋怨他的父亲在整个纽约市的餐馆里利用他那可爱的滑稽形象呢？他又是否能够以侵犯隐私为由采取相关的法律行动呢？

虽然一些社交媒体上的有名宝宝，如希尔的女儿，将来若是想采取法律行动，可能会发现他们很难追究父母的责任（因为希尔的意图似乎既不是恶意的，也不是受金钱利益的驱使），但其他人则可能有更充分的理据发起诉讼。毕竟，加文若是以传统的童星身份开始他的职业生涯（例如做一个舞台演员或电影演员），根据他担纲的具体职位，其劳动条件和收入从一开始就会有所规范。然而，他的名气是由他的叔叔在社交媒体网站 Vine 上打出来的，所以在这个案例中并不存在此种规范。事实上，大多数幼儿梗图一开始产生经济收益的方式根本不会涉及正规合同——通常情况下，父母或其他亲属就是通过在个人网站或优兔视频账号上投放加入了儿童梗图的按点击量付费的广告来获取收入的。可是，即便抛开法律上的种种权衡，考虑其他一些潜在的成本也非常重要。其中之一便与我们对童年的记忆有关。

人们通常会记住更多的正面记忆而不是负面记忆。事实

---

① Helin Jung, "What It's Really Like to Be a Yelp Celebrity When You're Not Even 2 Years Old," *Cosmopolitan Cosmo Bites*, June 22, 2015, http://www.cosmopolitan.com/food-cocktails/a42238/foodbaby-is-living-the-dream/.

### 遗忘的尽头：与社交媒体一同成长

上，一些研究发现，成年人对自传体事件（autobiographical events）的正面记忆是负面记忆的两倍。此外，正面的记忆在老年人中比在年轻人中更为常见。这是一个好消息，因为正面的记忆会促进快乐，当人们经历积极而非消极的情绪时（如快乐，而非羞耻或抑郁），他们往往就能够茁壮成长。心理学家西蒙·诺比（Simon Nørby）对正面记忆的普遍性提出了几种解释："其中一个原因……似乎是积极事件要比消极事件的发生更频繁……另一个原因可能是，当我们追忆年轻时的往事时，常会有意无意撞上那些正面记忆，而不是负面记忆。"而根据诺比的说法，第三个可能的原因是"人们似乎会有选择地忘记消极的经历"。他提出，这种遗忘不能被当作单纯的记忆失败而轻易忽略。选择性遗忘负面的经验，包括年轻时的经历，其实是有益处的，因为在他看来，"哪怕是健康的人，如果大部分时间都专注于负面记忆，也会感到很痛苦"[1]。如果真的是这样，那么对于那些童年经历被记录下来并在网上流传的所有幼儿和婴儿来说，被记录并传播开来的东西将来会不断地重复出现，这又会对他们造成什么影响呢？虽然杰西·希尔和大多数喜欢他在脸书上所发表的育儿文章的人可能在阅读这些故事和欣赏配图时会有积极正面的体验，但这并不能保证他的女儿会在十年或二十年后也以同样积极正面的心态来重遇那次事故。可以肯定的

---

[1] Simon Nørby, "Why Forget? On the Adaptive Value of Memory Loss," *Perspectives on Psychological Science* 10, no. 5 (2015): 553, 554.

是，要是在过去，因为人们倾向于忘记潜在的羞耻童年经历，希尔的女儿可能根本不会被迫面对这段记忆。

## 青少年社交媒体明星

坦白讲，并不是所有年轻的网络明星都是成人干预的结果——许多年长一些的孩子和青少年其实是自我成就型的明星，他们完全依靠自己的力量培养起了一批粉丝。2015年，《滚石》杂志发表了一篇关于克里斯蒂安·阿克里奇（Christian Akridge），也就是人们所知的克里斯蒂安·勒夫（Christian Leave）的文章。在克里斯蒂安凭借现已停用的Vine应用平台成名之前，他和其他14岁的男孩没什么两样。克里斯蒂安喜欢穿着胡乱搭配的休闲服，看起来就像是直接从老海军（Old Navy）①的打折货架上随便拿下来的一样，而且可以随时讲出一个粪便梗的笑话（excrement joke），此外他也常常感到无聊，考虑在一家墨西哥卷饼店申请一份兼职工作，同时他又在网上浪费了大量时间。然而，他的搞笑视频在Vine平台上引起了人们的共鸣，在几个月内，他便得到了超过十万名观众的关注。这很快为克里斯蒂安带来了一个令人羡慕的机会，那就是受邀参加PressPlay活动（一种现场巡回演出活动，粉丝们可以近距

---

① "老海军"是一家美国服装和配饰零售公司，为跨国公司盖璞（Gap）所有。老海军的旗舰店位于纽约市、西雅图、芝加哥、旧金山、马尼拉和墨西哥城等地。——译者注

### 遗忘的尽头：与社交媒体一同成长

离见到他们最喜欢的社交媒体明星）。一个身穿卡其色短裤、深谙厕所幽默（potty humor）的少年听起来或许不那么吸引人，但许多年轻粉丝，尤其是青春期的女孩，会更喜欢像克里斯蒂安这样的社交媒体明星，而不是传统意义上的明星。由于他们在推特（Twitter）、优兔和其他社交媒体应用程序上不断发帖，这些明星得以创造出与粉丝存在某种"真实关系"的幻象——许多粉丝认为这比他们与某著名音乐家或演员的关系要更加真实。与年轻的加文或马修不同，克里斯蒂安显然能够控制自己的形象，或者说几乎能够控制（他曾提到他的父母让他删除了一段他与另一个男孩儿牵手的视频，因为他们不希望有人误解他的性取向）。不过，克里斯蒂安的成名之路基本是他自己亲手铺就的，而且到目前为止，他所收获的回报也要大于弊端。诚然，他选择了在家上学（毕竟他在社交媒体上的名气使他错过了太多在学校读书的时间），但自从 PressPlay 巡演以来，克里斯蒂安已经能够成功地将他的社交媒体名气变现了。①

克里斯蒂安并不孤单。现在已经有足够多的青少年社交媒体明星来支持 PressPlay 和几个类似的现场巡回演出活动了。虽然这些巡演中的大多数明星都是年轻男子，而大多数粉丝则是青少年女孩，但至少也有一些年轻女性，像她们的

---

① Benoit Denizet-Lewis, "Following Christian Leave: The Strange Life of a Teen Social Media Celebrity," *Rolling Stone*, Dec. 8, 2015, http://www.rollingstone.com/culture/features/can-a-kid-from-texas-survive-the-new-rules-of-teen-celebrity-20151208.

男性同行一样，专门向其他青少年提供针对年轻人的幽默作品。① 例如艾莉·菲茨帕特里克（Alli Fitzpatrick），她在Vine 平台上起步，后来成为优兔视频名人，拥有几百万粉丝。菲茨帕特里克的成名同样完全是自己造就的。她的母亲玛格丽特（Margaret）直到和女儿一起参加纽约市的一个活动时才知道女儿的名气。这位母亲在遇到成群结队的女孩哭喊着艾莉的名字时非常惊讶，她甚至怀疑，"他们口中喊的是我女儿艾莉吗？"② 但这种惊讶并不罕见。拥有几十万甚至超过一百万粉丝的社交媒体明星的父母们往往都没有发现他们的孩子在网上的名气，直到宣传人员和经纪人开始给他们家打电话时才恍然大悟。③ 但是，面临最大风险的年轻网络明星并不是像克里斯蒂安或艾莉这样的人，他们毕竟已经精心打造了自己的人设，并且得到了粉丝和宣传推广者的相当程度的认可。处境危险的是那些在无意之中或在未经同意的情况下暴得大名的儿童和青少年。

## 网络欺凌的兴起

现在已知的最早的网络欺凌案例之一可以追溯到被称为

---

① PressPlay 的特色达人经常变化，但他们的达人名册上的年轻男性总是多于年轻女性，在现场活动中，年轻男性通常占特色表演者的 85% 至 100%。相比之下，PressPlay 网站上的图片显示，粉丝几乎都是青少年女孩。PressPlay, http://pressplay.co/talent/.

② Taylor Lorenz, "Raising a Social-Media Star," Atlantic, Jan. 17, 2018.

③ Ibid.

## 遗忘的尽头：与社交媒体一同成长

"星球大战小子"（Star Wars Kid）的一系列视频。[1] 最初的视频是由一名来自加拿大魁北克省三河城的 15 岁高中生于 2002 年拍下的，这比优兔视频平台问世的时间还要早两年。当时，吉斯兰·拉扎（Ghyslain Raza）并不打算成为一个网络迷因，这个词在当时还只是一个新兴概念。[2] 事实上，拉扎只是想在他高中的电影工作室里找点乐子，他拍摄了一段自己挥舞着代表光剑的临时道具笨拙地模仿《星球大战》中系列人物的视频。这盘录像带被他不小心遗留在学校的桌子上，后来被一名同学发现，几个月后，也就是在 2003 年年初，另一个同学就把它上传到了互联网上。所以其实并不是拉扎自己发布了这段视频，他也从没想过要让这段视频广泛流传。当时，拉扎可能根本没有想到他的视频会被数十万人观看。最终，该视频不仅在线上，而且在线下都获得了大量关注，许多传统媒体也在报道中称他的视频为某种新现象的代名词。例如，2003 年 5 月，《纽约时报》报道称："自从上个月月底高中同学发现这段视频并作为一个恶作剧在网

---

[1] 网络欺凌的概念在 21 世纪的第一个十年里的几起高调事件出现后得到了普及。"欺凌"一词通常用于描述儿童和青少年被他们的同龄人在精神上或身体上虐待的情况，与之相似，"网络欺凌"亦通常用于描述来自同龄人的虐待，不同的是相关孤立和敲诈行为是发生在互联网上的（例如传播旨在羞辱受害者的图像和视频）。自 2000 年以来，网络欺凌变得越来越普遍，这主要是由于在此期间，年轻人越来越多地拥有了自己的数字设备。2017 年，约有 15% 的高中生声称在过去 12 个月内经历过某种形式的网络欺凌。参见美国疾病控制和预防中心"预防欺凌"专题，https://www.cdc.gov/features/prevent-bullying/index.html.

[2] 虽然吉斯兰·拉扎多年来试图隐藏自己的身份，但在他 20 多岁，当他还是一名法律系学生时，在目睹了一系列导致自杀的网络欺凌事件后，他决定再次将自己的身份关联到那个视频上去。正是出于这个原因，本章使用了他的全名。

## 第三章　屏幕、屏蔽记忆与童星

上发布后,该视频已经被下载了一百多万次。此外,还流传着一些'重制版',为原视频加上了特效,使棍子道具真的像光剑一样发光,并且还为挥舞动作配上了音乐。"这篇文章继续写道:"像这样包含尴尬、滑稽乃至非法内容的短视频在互联网上都是十分常见的东西。但是这个被称为'星球大战小子'的视频,比最近的任何视频都传播得更远、更快、更引人注意。"①

对于拉扎来说,意外地成为世界上第一个广泛流传的网络迷因的影响是毁灭性的。这段视频在网上流传后,拉扎很快就失去了他为数不多的几个朋友,并在学校里遭受了严重的欺凌,而且到了不得不辍学的程度,他最终是在儿童精神病院度过了自己的中学时光。② 当然,并非所有对该视频的反馈都是负面的。拉扎也获得了一些粉丝,其中一些人被感动,开始在网上募捐,为他购买 iPod 和亚马逊礼券,但显然这些礼物并不能起到安慰作用。

2003 年 7 月,拉扎的父母对上传视频的男孩的父母提起了诉讼。该诉讼以庭外和解告终。然而,即使在拉扎的父母采取了法律行动之后,这段视频仍然在流传,完全不受拉扎掌控。今天,它在优兔视频上的浏览量已超过 2700 万次,从剧集《南方公园》到《科尔伯特报告》,都对其进行了滑

---

① Amy Harmon, "Compressed Data: Fame Is No Laughing Matter for the 'Star Wars Kid,'" *New York Times*, May 19, 2003.

② "Star Wars Kid Files Lawsuit," *Wired*, July 24, 2003.

## 遗忘的尽头：与社交媒体一同成长

稽的戏仿。① 丹娜·博伊德写道，这段视频例证了"大规模的公共羞辱何以是无远弗届的互联网世界和网络化传播的副产品"②。

多年来，拉扎都与这段视频保持距离，并试图重塑自己的身份。2013 年，当他还是加拿大麦吉尔大学的一名法律系学生时，他终于站出来谈论这段经历，希望借此帮助其他孩子处理日益严重的网络欺凌问题。在接受法语杂志《新闻》(L'actualite) 的采访时，他将视频发布的那段时间和之后的情况描述为"非常黑暗"。"无论我多么努力地忽略那些叫我自杀的人，"他解释道，"我还是会忍不住认为自己没有价值，好像我的生命不值得活下去。"③ 但具有讽刺意味的是，他站出来谈论网络欺凌的问题，也就等于放弃了抛下"星球大战小子"身份的负担而默默前行的希望。

自 2003 年"星球大战小子"被偷偷地上传到互联网，并被数百万人观看以来，照片和视频在网上的无意传播就成为一个日益严重的问题，特别是对青春期女孩来说，她们经常成为一种特殊类型的网络欺凌的受害者。自 2010 年以来，

---

① Jasmine Garsd, "Internet Memes and 'The Right to Be Forgotten,'" All Tech Considered, NPR, Max. 3, 2015, http://www.npr.org/sections/alltechconsidered/2015/03/03/390463119/internet-memes-and-the-right-to-be-forgotten.

② danah boyd, It's Complicated: The Social Lives of Networked Teens (New Haven: Yale University Press, 2014), 146.

③ "Ten Years Later, 'Star Wars Kid' Speaks Out," MacLean's, May 9, 2013, http://www.macleans.ca/education/uniandcollege/10-years-later-star-wars-kid-speaks-out/.

已经有几十篇关于女孩和年轻女性在其裸体照片和视频流传于网络后自杀的报道了。① 其中一些案例是这些年轻女性向男友发送裸体图片,而男友在对方提出分手后通过转发这些图片来进行报复。这种现象最初被描述为"报复性色情",但更准确的说法是"亲密图像虐待""基于图像的虐待"或"未经同意的亲密图像共享"等。在如今有记录的世界各地的其他案例中,这些照片大多是在年轻女性昏迷时拍摄的,其内容通常是在一个聚会上,女性被一个或多个参与者性侵犯。对许多女孩来说,自杀似乎是摆脱这种屈辱经历的唯一可靠途径。雷塔赫·帕森斯(Rehtaeh Parsons)的案例正是

---

① 网络欺凌和自杀之间的关联现在已经得到了证实。参见 Robin M. Kowalski, Gary W. Giumetti, Amber N. Schroeder, and Micah R. Lattanner, "Bullying in the Digital Age: A Critical Review and Meta-Analysis of Cyberbullying Research among Youth," *Psychological Bulletin* 140, no. 4 (2014): 1073–1137; Sameer Hinduja and Justin W. Patchin, "Bullying, Cyberbullying, and Suicide," *Archives of Suicide Research* 14, no. 3 (2010): 206–221; Anat Brunstein Klomek, Frank Marrocco, Marjorie Kleinman, et al., "Peer Victimization, Depression, and Suicidality in Adolescents," *Suicide and Life-Threatening Behavior* 38, no. 2 (2008): 166–180. 性别因素也影响着网络欺凌,年轻女性更有可能发现自己是网络跟踪(使用电子通信设备通过反复发送威胁信息来跟踪他人)和令人憎恶的色情短信(未经对方同意传播他人的裸体照片)的受害者。参见 Allyson L. Dir, Ayca Coskunpinax, Jennifer L. Steiner, and Melissa A. Cyders, "Understanding Differences in Sexting Behaviors across Gender, Relationship Status, and Sexual Identity, and the Role of Expectancies in Sexting," *Cyberpsychology, Behavior, and Social Networking* 16, no. 8 (2013): 568–574.

### 遗忘的尽头：与社交媒体一同成长

如此。①

2011年，当帕森斯决定与几个朋友一起参加一个小型家庭聚会时，她并没有想过会在网上招致恶名。当时15岁的帕森斯住在加拿大新斯科舍省哈利法克斯市的郊区，在聚会上，她喝下了一种烈性酒——足以令她呕吐，在晚上的某个时候，她被一群十几岁的男孩侵犯了。可悲的是，说到这里，这个故事仍没有什么不寻常的地方——未成年饮酒和性侵犯在青少年中较为常见②，但在帕森斯的案例中，聚会当晚所发生的事情只是一场漫长折磨的开端。仅仅几周内，聚会的照片就开始在网上四处流传。在一张照片中，她腰部以下的身体都是裸露的，一名年轻男子看上去正在侵犯她。在各种网络平台上，帕森斯被她的同龄人贴上"荡妇"的标

---

① 我未能找到与流传不良影像类虐待直接相关的女性自杀数量或百分比的统计数据。但显而易见的是，帕森斯的案例并不罕见。自从她在2013年自杀以来，还有几起备受瞩目的事件，流传不良影像的虐待方式似乎是导致自杀的主要因素。其中还包括一个被广泛报道的意大利案例（BBC News, "Tiziana Cantone: Suicide following Years of Humiliation Online Stuns Italy," Sept. 16, 2016, http://www.bbc.com/news/world-europe-37380704）。公开报道的不足加上法律层面的混乱，使得"自愿色情片"的生产在一些司法管辖区是合法的，在另一些地区则不是，这又进一步使人在认清自杀和基于图像的虐待之间的关系方面产生困惑。

② 根据美国疾病控制和预防中心（CDC）的数据，在美国的所有酒精饮品消费中，有11%来自12至20岁的人，尽管他们未达到法定饮酒年龄，而且其中90%以上的酒类是以"酗酒"的形式消费的（CDC, "Fact Sheet-Underage Drinking," Oct. 20, 2016, https://www.cdc.gov/alcohol/fact-sheets/underage-drinking.htm）。在2017年的一项研究中，CDC发现，7%的美国女性声称在未成年时曾遭遇过一次强暴行为。Sharon G. Smith, Jieru Chen, Kathleen C. Basile, et al., *The National Intimate Partner and Sexual Violence Survey*, 2010 – 2012 *State Report*（Atlanta: Centers for Disease Control and Prevention, 2017）, 167, https://www.cdc.gov/violenceprevention/pdf/NISVS-StateReportBook.pdf.

签。她很快发现自己在社会上被孤立了，并产生了自杀的念头，无论是转学还是心理咨询都无法平息各种负面情绪。更糟糕的是，警方的调查结论是，没有足够的证据对照片中的年轻男子提出性侵指控。2013 年 4 月 4 日，事件发生后不到两年，帕森斯自杀了。帕森斯死后，参与该事件的两名年轻人（当时已年满 18 岁）被指控传播儿童色情制品。① 帕森斯的事件随后还引发了另外一些令人担忧的曲折故事。

2014 年，在帕森斯去世近 3 年后，一位加拿大法官裁定，无论是记者还是普通公民，都不能在报纸、电视、广播或任何社交媒体平台上提及她的名字。尽管这符合加拿大《刑法》的规定，即所有涉及儿童色情制品的判决都要受到出版禁令的约束，但这依然是一个残酷的转折。因为当帕森斯的案件进入庭审后，她的父母和许多倡导者已经接受了她的身后文化影响（legacy），将其作为呼吁制定更加积极的网络欺凌新法律运动的一部分，而那一纸禁令等于是突然告诉她的父母、朋友和倡导者们，现在他们连在网上提到她的名字都是违法的，这感觉就像是对这名年轻女性的再次伤害，毕竟她的死亡正是由网上的负面曝光造成的。第二年，一份由新斯科舍省委托编写的关于此案处理情况的独立报告

---

① 尽管这些男孩最终被指控传播儿童色情制品，但他们从未被指控侵犯他人。独立调查员默里·西格尔（Murray D. Segal）在审查此案时得出结论："虽然颇为讽刺，但可能是真的，如果没有更多的信息来调查（该事件的照片证据），嫌疑人就会仅凭雷塔赫的陈述而被指控为性侵犯。" Murray D. Segal, "Independent Review of the Police and Prosecution Response to the Rehtaeh Parsons," Oct. 8, 2015, p. 48, https://novascotia.ca/segalreport/Parsons-Independent-Review.pdf.

## 遗忘的尽头：与社交媒体一同成长

公布了。该报告的作者默里·西格尔（Murray D. Segal）指出，在互联网出现之前，同样的事件会有多么不同的结局："几年前，青少年时期所犯的错可以很快被遗忘。但如今情况不再是这样了。因为青少年行为的后果不同，所以规则也必须不同。"①

加文、马修、克里斯蒂安、拉扎和帕森斯的故事所揭示的是，在网上成名的儿童和青少年无法被轻易归类。他们所涉及的范围很广，从最多对自己的网络名气只有模糊认知的婴幼儿，到自我成就型的青少年社交媒体名人，再到网络欺凌的受害者，等等。他们是一个多样化的群体，有着不同的需求和权利。值得注意的是，保护那些互联网上个人资料被不正当利用或遭受网络欺凌的潜在受害者的努力，并不会削弱那些决定将娱乐事业掌握在自己手中的青少年的权利。事实上，年轻人现在不仅可以表现自己，还可以传播这些影像，这当然是值得庆祝的。其实儿童和青少年的自我表现并不是问题，但在特定情况下，即当这些照片和视频的流传损害了过去青少年曾拥有的社会心理合法延缓期时，不受管制地持续传播这些照片和视频就会成为问题。

在此，我们不妨简单回顾一下拉扎的案例。如果拉扎在2002年制作了视频并将磁带安全带回了家，他可能会自己观看，兴许会与家人和朋友们分享。这样的话，视频或许还能再被保存几年，一直等到他将来把它找出来——例如在

---
① Ibid., 40.

18岁或20岁的时候——再重新播放以自娱自乐,又或是直接扔掉以避免别人发现它。总之,如果没有进入数字领域,拉扎制作视频的决定几乎不会有任何社会后果。不幸的是,拉扎是在一个新的媒介生产与流通时代出现的转折期录制视频的。

想一想自2002年以来生产条件是如何变化的吧。拉扎制作了视频,他的同学们发现了它,他们必须把它转成一种新的格式,上传到互联网上,然后还得找到一种方法来传播它。但在今天,同样的视频已经是可以在多个分享平台同时发布的格式了,而传播它所需的技能只是点击一下按键。除了分辨率更高,今天的青少年所拍视频的质量其实与从前大致相同。发生改变的是现在人们分享视频的速度和便利性,因此,即使是最日常琐碎的自我呈现,也有了相当程度的潜在受众基础。简而言之,曾经把图像的拍摄、剪辑与传播等环节拆分开来的时空限制实际上已经消失了。为自己或几个朋友拍摄的照片和视频可以很容易地脱离自己的控制,并随着时间的推移而一直流传下去。一言以蔽之,现在大众传播的能力掌握在每个人的手中。但我们因此而放弃了什么呢?

拉扎本来就是一个在学校里没有什么朋友的孤僻少年,由于他的视频广泛流传,他又经受了更多的欺凌。就短期而言,他放弃了自己的隐私——他本有权做一些愚蠢的事情,然后忘却它们,继续前行。从长远来看,自制视频被这般传播开来使他再也无法忘记这一事件。即使换了学校和搬了家,他也无法从这一短暂的青春期窘境中解脱出来。情绪是

### 遗忘的尽头：与社交媒体一同成长

具有黏性的，羞耻感也不例外。然而，羞耻感的独特之处是这种情绪还源于见证者的存在——一个人在面对另一个人时才会感到羞耻。[1] 由于视频是连续循环播放的，拉扎便永久地陷入了羞耻之中，这也成为他青少年经历中无法释怀的一部分。

对于像帕森斯这样的人来说，其所面临的问题远比一段愚蠢的视频更多。像许多其他年轻女性一样，她无意中成为儿童色情制品的受害者。尽管她试图转到一所新的学校，但这些图像一直跟随着她，而产生这些图像的社交网络也同样如影随形。作为图像虐待受害者的年轻女性经常报告称，即使在她们搬家后，或迟或早仍会收到来自前男友的消息和短信，要求她们再次传送私密的图像或视频。[2] 对于这些年轻女性中的一些人来说，自杀似乎是唯一确定的逃离方法。从短期来看，这些年轻女性被剥夺了隐私；从长期来看，至少她们中的一些人被剥夺的是生命。

尽管各自的情况有所不同，但在网络世界声名狼藉的儿童和青少年都有一个共同点：互联网的某个地方储存着他们早年的至少一段特殊经历的记录。拉扎不仅被剥夺了尝试不同身份或角色的能力（在这里指的就是星球大战中的身份

---

[1] Silvan Tomkins, *Shame and Its Sisters: A Silvan Tomkins Reader*, ed. Eve Kosofsky Sedgwick and Adam Frank (Durham, NC: Duke University Press, 1995), 134–136.

[2] 例如，在雷塔赫·帕森斯的案件中，受害者转了两次学，但她案件中的照片继续跟随她进入新的社会环境（Segal, "Independent Review of the Police and Prosecution Response," 13）。

角色），并进一步被剥夺了在长大后压抑此事或以可容忍的方式重新定义此事的能力。而对于像帕森斯这样的女孩，她们被逼到只有诉诸死亡才能从网上流传的裸体照片和视频中解脱，这种损失显然要大得多。这些年轻女性失去了只是作为短期受害者的能力。事实上，性试验是成长的一部分，对许多女孩来说，被性侵犯也是如此（例如，在大学一年级的学生中，17%的女性声称曾经历过在暴力或以某种方式使其丧失行为能力的情况下的性骚扰）。[①] 然而，在过去，无论是年轻女性的性试验，还是对她们的人身侵犯都没有被广泛记录下来。青春期的性行为，不管是否自愿，通常都被限制在卧室、地下室和灌木丛中。虽然宝丽来相机确实使一些性试验和性侵犯的淫秽图像得以流传，但这些图像更像是从前的绘画作品那样，是独一无二的存在，而不同于色拉布或照片墙等社交媒体平台上的图像。如今，不良性行为和青少年强暴不再是个别事件，而是越来越多地重复发生着。虽然暴力行为在发生后的几年内也经常在幸存者的脑海中重复出现，但人们记住的通常不是确切发生的事情，而是对事件的重塑，也即弗洛伊德所说的屏蔽记忆。于是，这就提出了另一个关键问题：在屏幕的时代，屏蔽记忆又会遭遇什么？

---

① David Cantor et al., *Report on the AAU Campus Climate Survey on Sexual Assault and Sexual Misconduct* (Rockville, MD: Association of American Universities, 2015), https://www.aau.edu/sites/default/files/AAU-Files/Key-Issues/Campus-Safety/AAU-Campus-Climate-Survey-FINAL-10-20-17.pdf. 该报告还发现，三分之一的女性在大四时至少遭遇过一次未经同意的性接触。

## 遗忘的尽头：与社交媒体一同成长

### 多屏时代的屏蔽记忆

当弗洛伊德在 1899 年发表论文《屏蔽记忆》（"Über Deckerinnerungen"）时，他自然无法知道屏幕最终会变得多么普遍，也不知道它们会在多大程度上塑造未来的童年和青少年时期的经验。鉴于弗洛伊德在他的著作中经常提到他那个时代的光学媒介，尤其是摄影，我们倾向于假设他在写这篇文章时，既把屏幕当作过滤器，又把它当作投影表面，但实际上并没有什么证据能够支持这一假设。[①] 尽管标准版的弗洛伊德作品集将 Deckerinnerungen 翻译为"屏蔽记忆"（screen memories），但直译过来的话其实就是"覆盖"（covering）或"隐藏"（concealing）记忆。

弗洛伊德的文章概述了三种不同类型的屏蔽记忆。第一种类型是那些掩盖了在同一时间发生的不同事件的记忆。例如，一个人可能会回忆起一根树枝掉下来。尽管该事件确实发生了，但它却取代了在同一时间段内所发生的另一个更为重要的事件（例如，被人用木勺敲打头部）。在第二种类型中，后来的回忆取代了对童年事件的记忆。由于很少有人能

---

[①] 肖恩・米歇尔・史密斯（Shawn Michelle Smith）和莎伦・斯利温斯基（Sharon Sliwinski）观察到，理论家依靠光学隐喻来解释潜意识心理的历史一直存在，但"西格蒙德・弗洛伊德是最早直觉到这个想法的人之一。早在 1900 年，他就开始使用摄影过程作为他的潜意识心理概念的隐喻"。Smith and Sliwinski, "Introduction," in *Photography and the Optical Unconscious*, ed. Shawn Michelle Smith and Sharon Sliwinski (Durham, NC: Duke University Press, 2017), 1.

## 第三章 屏幕、屏蔽记忆与童星

回忆起四五岁之前的事情,所以他们经常把后来的记忆移植到这个早期阶段。至于第三种类型,弗洛伊德只是顺便提到,即"倒退的屏蔽记忆"(retrogressive screen memory)。在这里,早期的记忆代表了后来的某种关切。① 所有这三类屏蔽记忆都表明,童年的记忆是尤其可塑的。弗洛伊德认为,它们的目的与其说是与记录冲动有关,不如说是与自我保护有关。人们回忆他们的童年是为了汲取经验,而不是要以任何准确的方式来重现它们。

弗洛伊德从来没有充分解释过为什么我们会忘记大部分幼年时期的事,并扭曲我们童年和青少年时期其余记忆的大部分内容,但他确实认识到虚假记忆是多么普遍。在《屏蔽记忆》一文中,弗洛伊德指出,当一个人回忆起童年时,他倾向于看到自己处于一个场景的中间,就像一个外部观察者所看到的那样:"很明显,这样的画面不可能完全重现最初获得的那个印象。因为当时主体正处于情景之中,他关注的不是自己,而是外部世界。"我们的记忆不是从我们自身的角度出发,而是仿佛在看着我们的童年随时间流逝,这证明我们所保留的记忆其实是在事后制造出来的,而不是作为原始印象被保存下来。虽然看起来这些来自童年的记忆痕迹被"转化为可塑的视觉形式",但有足够令人信服的理由表明,"原始印象的复制品从未进入主体的意识"。作为支持

---

① David L. Smith, "The Mirror Image of the Present: Freud's Theory of Retrogressive Screen Memories," *Psychoanalytische Perspectieven* 39 (2000): 7.

## 遗忘的尽头：与社交媒体一同成长

这一说法的证据，弗洛伊德观察到，"在一些童年重要经历的记忆中，所有这些内容都具有相似的鲜明性和清晰度，比如会有一些场景出现，但当它们被加以检验时（例如借由成年人的回忆来核对），会发现这些记忆其实是伪造的"。然而，它们也并不是完全捏造的："这类虚假可能是由于它们把某个事件所发生的场景转移到了别处……也可能是它们把两个人合二为一，或是用其中一个人代替了另一个人，又或者这些作为一个整体的场景有迹象表明其实是两段独立经验的组合拼接。"虽然人们可能倾向于将这种移植归结为错误，但弗洛伊德坚持认为有一些更深层次的东西在起作用。

> 鉴于图像所具有的高感官强度和年轻人记忆功能的效率，简单的不准确的回忆在这里并没有起到多么巨大的作用；经过细致调查可以发现，这些记忆的伪造是有倾向性的；也就是说，它们是为了压制和取代那些令人厌烦或不愉快的印象。因此，当这些伪造的记忆在此后的精神生活中为这种冲突和压抑的冲动提供可能时，它也势必源于生命中的某个时期，只不过这个时期要比其内容所属的时期晚得多。[①]

虽然弗洛伊德有时似乎将这些伪造的记忆与其他童年记

---

[①] Sigmund Freud, "Screen Memories" (1899), facsimile edition, reprinted in *On Freud's "Screen Memories*," ed. Gail S. Reed and Howard B. Levine (London: Karnac, 2015), 24.

忆区分开来，但在《屏蔽记忆》中，他甚至认为我们所有的童年记忆其实都是屏蔽记忆："确实可以质疑，我们是否真的有过任何来自童年的记忆；与我们童年有关的记忆可能全都是由我们控制的。我们的童年记忆向我们展示的不是我们最早的岁月，而是在后来记忆被唤起时的样子。当这些内容被唤醒的时候，童年记忆并没有像人们通常所说的那样浮现（emerge），它们正是在这个时候形成的（formed）。在形成这些记忆的过程中，真正起作用的是一些与历史准确性无关的动机，以及对记忆本身的选择。"①

尽管从未明确指出，但弗洛伊德的文章也暗示道，屏蔽记忆使个人能够在某种程度上控制其生命中的某一时期，而在其他方面则很难说有什么能动性。正是因为儿童不仅发现在历史上自己处于社会的边缘（因为他们无法投票，甚至无法替自己做出医疗方面的决定），而且长期以来都不具备记录和传播自己图像的手段（直到最近情况才有所变化），所以屏蔽记忆这一观念具有重大意义。弗洛伊德似乎是想表达，早在儿童能够制作、剪辑和展示他们日常生活的图像之前，他们实际上已经在心理层面上这样做了。在某种意义上，屏蔽记忆可以被理解为提供了这样一个空间，使得儿童在很小的时候就能够编辑和控制他们的生活。在这个世界上，年轻人没有被赋予与成年人同样的权利，但他们始终可以做的一件事就是选择性地编辑他们所希望记住的东西，或

---

① Ibid.

## 遗忘的尽头：与社交媒体一同成长

91 忘记他们的童年和青少年时期。菲利斯·格里纳克（Phyllis Greenacre）① 是在弗洛伊德之后少数几位详细论述过屏蔽记忆的精神分析学家之一，她认为这种记忆可以被视为"某种焦点转移，从难以忍受的恐惧转移到令人放心的无害和熟悉的事物上去"②。

当然，屏蔽记忆的概念并不是没有争议，它也面临着来自精神分析专业内部和更广泛的心理学领域的挑战。由于实证研究尚未表明解析屏蔽记忆会产生显著的临床效果（而且，在一些阵营中，人们甚至质疑所谓的压抑和屏蔽记忆是否真的存在），于是这个概念在执业分析家那里也失去了地位。在2015年关于弗洛伊德所提出的概念的论文集中，编辑们指出，屏蔽记忆"在今天很少成为分析家们的兴趣中心"③。该文集的一些作者认为，这种兴趣的缺乏可能是因为即便识别出了屏蔽记忆，似乎也不会使其减少。④

---

① 菲利斯·格里纳克是美国精神分析学家和医生，是纽约精神分析研究所的监督和培训分析员。在1939年的一部早期出版物中，格里纳克探讨了严重的（无意识的）内疚感在助长手术成瘾方面的作用。两年后，她发表了曾经有争议但现在已经成为经典的关于儿童焦虑的研究，这些焦虑表现在言语之前。她在50年代对恋物癖与身体形象的研究使她在59岁时开始了长达20年的对攻击性、创造性和儿童早期发展的探索。她对精神分析培训的持续兴趣使她对与移情有关的越轨行为的危险提出了强有力的警告。——译者注

② Phyllis Greenacre, *Trauma, Growth and Personality* (1952; repr., New York: International Universities Press, 1969), 191.

③ Gail S. Reed and Howard B. Levine, "Screen Memories: A Reintroduction," in *On Freud's "Screen Memories,"* ed. Reed and Levine, 29.

④ 尤其可以参见 Lucy Lafarge, "The Screen Memory and the Act of Remembering," in *On Freud's "Screen Memories,"* ed. Reed and Levine, 36–57.

第三章　屏幕、屏蔽记忆与童星

然而，即使解析屏蔽记忆对治愈创伤的潜力有限，弗洛伊德早期关于童年记忆与遗忘的论述仍然对这里的讨论具有参考价值。首先，他似乎认为，即使我们的童年记忆是错误的或扭曲的，它们也不会对我们的精神健康构成威胁；一个人的精神健康并不取决于恢复和纠正我们的记忆。他意识到，屏蔽记忆可以使一个人把难以忍受的恐惧变成无害而熟悉的东西。例如，弗洛伊德观察到，他的病人经常在严重的悲剧事件发生的时候回忆起他们童年的偶然事件（例如，玩具的丢失或损坏）。[1] 一些神经科学家发现了支持这一观点的证据，显示记忆似乎的确是在不断地更新。[2] 但在一个电子屏幕无处不在的时代，屏蔽记忆会不会像遗忘一样，成为例外而不是常规？如果真是这样的话，我们又是否会丧失把成长过程中时常发生的难以忍受的恐惧和简单的羞耻事件转变成无害而熟悉的记忆片段的能力？我们是否正在失去创造屏蔽记忆的能力——那长久以来赋予年轻人的微小却重要的能动性？这是为了最终获得自我表现和面向大众传播的能力而做出的高风险交易吗？

在用屏蔽记忆换取屏幕的过程中，儿童和青少年的赌注要比成年人高得多，对年轻人来说他们中一部分人的赌注也比其他人要高得多。就像早期的童星一样，今天的儿童和青

---

[1]　Freud, "Screen Memories," 7.
[2]　Donna J. Bridge and Joel L. Voss, "Hippocampal Binding of Novel Information with Dominant Memory Traces Can Support Both Memory Stability and Change," *Journal of Neuroscience* 34, no. 6 (2014): 2203–2213.

### 遗忘的尽头：与社交媒体一同成长

少年中有些人的生活被过度记录着，他们中的一部分人有可能会安然无恙，但另外一些人就没那么好运了。像加文这样从 2 岁起就被当成广为流传的表情包素材的人，其未来会怎样，将主要取决于是否有人做出了适当努力来减轻这种名气和曝光所带来的潜在的负面或剥削性影响。

对于网络欺凌的受害者来说，其后果则要深远得多。例如，吉斯兰·拉扎的屏蔽记忆本该比屏幕起到更重要的作用。然而拉扎将永远无法忘记他那难堪的 15 岁。只要在任何搜索引擎上输入他的名字，就会出现多个版本的"星球大战小子"视频。拉扎根本没有机会把他那短暂的愚蠢时刻转化成屏蔽记忆，未来也不会有这样的机会。由于事件的记录痕迹在 15 年后仍在流传，所以也不可能去有效地掩盖事件，或让后来的某种回忆代替该事件，甚至是透过其成人经验的滤镜来重写事件。尽管拉扎的情况比较特殊——既因为它发生在社交媒体刚刚兴起的时候，也因为它受到了比此后任何互联网迷因都要更多的网络与传统媒体的关注——但现在成长中的任何一名儿童或青少年都有可能成为另一个拉扎。值得庆幸的是，并不是所有的年轻人都像拉扎那样在网络世界中被欺凌；但是当他们到了 20 多岁的时候，他们可能就无法再依靠那在传统上可以缓解羞耻、屈辱和恐惧等情感的屏蔽记忆了，而这些都是成长过程中不可避免的东西。我们似乎有扭曲和掩盖童年中那些最不能容忍的记忆的固定线路。但在我们如今所处的生活世界中，这种保护性的冲动越来越受到屏幕的威胁，毕竟我们相当一部分的生活与早期的成长发展都是通过各种屏幕呈现出来的。

# 第四章　当标签对象离开家乡

对大多数人来说，离开家乡是一个关键时刻，这里指的当然不仅是他们所居住的那个家，也包括他们成长的环境。诚然，并非每个人都有想要逃避的事情或是迫切需要重塑自己，但确实许多人是有这方面需求的。对于一些人来说，离开家乡就等同于脱离传统。可对其他人来说，这可能是一种逃离受虐环境、跳出自身的社会阶层，或是"出柜"的方式。简而言之，人们离开家乡有多种原因，而有时候这事关生存。然而，现在离开家乡不再像过去那样了。事实上，遗忘的终结所带来的最明显的实际后果之一，可能就是深刻地改变了离开家乡这一曾被视为理所当然的行为。

随着社交媒体网络的不断扩大，人们能够获取和了解遥远地区的资讯，现在离开家乡在实际操作上可能比以前更加容易。年轻人有了新的工具来谋划他们未来的生活。譬如有人的梦想就是到这个国家的另一边乃至世界的另一边去上大学，这在以前可能由于缺乏相关资讯而困难重重，但是现在你可以花好几个小时在网上研究备选的学校及其提供奖学金

## 遗忘的尽头：与社交媒体一同成长

的概率，甚至直接与招生顾问聊天咨询。这可能也是美国公立大学的州外学生人数在 1986 年至 2016 年增加了一倍以上的原因之一。[①] 不过，去一所离家遥远的大学并非那些希望搬走的年轻人的唯一选项。克雷格列表网（Craigslist）[②]、租房服务（SpareRoom）[③] 等网络平台也让青少年更容易与全国乃至世界各地的新朋友、潜在室友和工作机会联系上。如果一个年轻人希望逃离他所在的小镇或郊区，那么他们不再需要面对过去那种令人生畏的情形，即坐上公共汽车或火车，然后突然出现在一个新的城市里，除了当地的青年旅社外无处可去。在 21 世纪，他们可以仔细规划各自的逃离路线，甚至在抵达他们所期望的目的地之前很长一段时间就建立起一个新的生活和社交网络。

然而，即便具备了上述条件，离开家乡在其他方面——特别是想要与过去彻底决裂的话——已经变得更加困难。正如遗忘能力的衰落对不同的人群会有不同的利害关系一样，

---

① Nick Strayer, "The Great Out-of-State Migration: Where Students Go," *New York Times*, Aug. 26, 2016.

② 克雷格列表网是美国的一个分类广告网站，有专门的工作、住房、物品出售、服务、社区服务、现场演出、简历和讨论区等内容板块。克雷格·纽马克于 1995 年开始提供这项服务，当时是向朋友发送电子邮件，介绍旧金山湾区的活动。它在 1996 年成为一个网络服务平台。2000 年，它开始扩展到美国和加拿大的其他城市，现在已覆盖 70 个国家。——译者注

③ 租房服务（SpareRoom）由鲁珀特·亨特创办，是一个帮助人们寻找合适房客的网站和应用程序，是英国最受欢迎的房屋共享和公寓共享平台，目前，继在纽约、旧金山和洛杉矶成功推出之后，SpareRoom 正向全美扩展。据报道，SpareRoom 网站每月的访问量超过 200 万次。——译者注

## 第四章　当标签对象离开家乡

摆脱过去的种种困难也以极为不同的方式影响着不同的人。在某种意义上，我们现在都是带有标签的对象——不仅我们的行动可以被轻易追踪，而且那些过去的自我可以被随时召回，并在任何时候重新开始流通。一个想离开家乡并把过去留在身后的人现在面临两个新的、独特的障碍。首先是如何在现代媒介技术的雷达下做到不留痕迹地离开，其次是怎样防止过去附着在当前的生活上。社交媒体网络结构、人脸识别技术、自动化标签和新兴的增强现实应用程序等都在不断融合，可能很快就会把离开家乡的种种经历变成遥远的记忆。但我们究竟是如何走到这一步的呢？

为了理解我们是如何到达目前这种状况的，我们需要考虑两段历史。第一段是追踪装置的历史，以及这些曾经主要用于非人类动物的装置是如何在过去的一个世纪不断演变，并在近来被接受用于人类的历史。另一段便是所谓标签的历史，尤其是比较近期的照片标签的历史。如果说抛弃过去业已变得越来越困难，那这主要就是由于以上两种标记历史的融合——一种关注硬件，另一种则关注数据。

### 与我们一起移动的社交网络

在人类生存的大部分时间里，地理环境决定了社会关系的界限。社交网络是由地点决定的，并且只会延伸到一个人通过步行、划船或航行可达到的距离范围内。我们的社交网络就像我们的记忆一样持久，而我们的记忆总是易变的。自

## 遗忘的尽头：与社交媒体一同成长

从文字发明以来，新媒体至少已经减轻了一些曾经由我们的记忆所承载的负担。从书信到电报再到电话，这些早期的社交媒体帮助我们在远距离和长时间内维持着某种交往关系。

已有许多媒体理论家探讨过不同媒介是如何深刻地影响着我们的社会互动与关系等方面了。例如约书亚·梅罗维茨（Joshua Meyrowitz）[①] 在他的《消失的地域》(1986) 一书中大量借鉴了欧文·戈夫曼（Erving Goffman）[②] 和马歇尔·麦克卢汉（Marshall McLuhan）[③] 的研究，指出电子媒介"已经改变了社会互动的时间和空间的意义"。梅罗维茨回应了尼尔·波兹曼几年前在《童年的消逝》中所提出的一些主张。与波兹曼一样，梅罗维茨将电子媒介与物理边界的崩溃联系起来（当时，电子媒介主要指的是广播、电视和电话，其次是新兴的数字媒介，如家用电脑）。他声称，曾经局限

---

[①] 约书亚·梅罗维茨是美国达勒姆的新罕布什尔大学传播系的教授，他最出名的专著便是《消失的地域》，该书分析了各种媒体技术造成的影响，特别是电视的影响。——译者注

[②] 欧文·戈夫曼是加拿大出生的社会学家、社会心理学家和作家，被一些人认为是"20世纪最有影响力的美国社会学家"。2007年，《泰晤士报高等教育指南》将他列为人文和社会科学领域被引用次数最多的作者之一，排在福柯、布迪厄和吉登斯之后，哈贝马斯之前。戈夫曼是美国社会学协会的第73任主席。他的主要研究领域包括日常生活社会学、社会互动、自我的社会建构、经验的社会组织（框架），以及社会生活的特定元素，如污名等。——译者注

[③] 马歇尔·麦克卢汉是一位加拿大学者，他的著作是媒介理论研究的基石之一。麦克卢汉曾在马尼托巴大学和剑桥大学学习。随后，他在美国和加拿大的几所大学担任英语教授，然后于1946年转到多伦多大学，在那里度过了他的余生。麦克卢汉创造了"媒介即讯息"的说法和"地球村"一词，并在万维网发明前近30年预测了它的出现。他是20世纪60年代末媒体报道中的热点人物，在他去世后的几年里，他在学术界仍然是一个有争议的人物。然而，随着互联网和万维网的到来，人们重新对他的研究和观点产生了兴趣。——译者注

第四章　当标签对象离开家乡

于成年人的那个世界，正在变得连儿童也可以接触得到了。随着物理边界的崩溃——梅罗维茨将其比作生活在一个没有房间或墙壁的房子里，他认为社会行为和关系正在发生转变。例如，在面对面的世界里，除了在特殊场合（例如家人的婚礼）外，很少会出现必须要同时和多个对象（如家人、朋友和同事等）打交道的情形。像戈夫曼一样，梅罗维茨指出，我们都是社会演员，在不同的社交舞台上扮演不同的角色，而其中一些角色需要多年才能臻至完善。电子媒介以新的方式重新安排了我们所往来的社交场合，创造了他所谓的"融合场景"（combined situations），从而打破了以前那种清晰的物理界限。例如，在电子媒介的社会情境中，我们可能会同时遇到许多不同类型的交往对象，同时也失去了使我们有可能对这些情境作出反应的脉络和社交线索。"电子媒介的融合场景相对持久且不可避免，"他提出，"因此它们对社会行为的影响要大得多。"然而，梅罗维茨与波兹曼早期的论点渐行渐远，因为他不太关心新媒体的内容，而是关心它们借以改变我们的地方感或使我们失却地方感的各种方式。他认为电子媒介对我们的影响主要不是通过其内容，而是通过改变"社会生活的'情境地理'"[①]。

在许多方面，梅罗维茨的预测是准确的。他认识到新媒体，包括新兴的数字媒介，在一定程度上侵蚀了特定类型的

---

[①] Joshua Meyrowitz, *No Sense of Place: The Impact of Electronic Media on Social Behavior* (New York: Oxford University Press, 1985), ⅷ, 28, 5, 6.

## 遗忘的尽头：与社交媒体一同成长

社会空间（如家庭住宅和大学宿舍）之间曾经明确划定的界限，使人们难以进入稳定和牢固的具体情境下的各种社会角色。然而梅罗维茨在20世纪80年代中期不可能轻易预测到的是，到了21世纪初，面对面的互动（比如在家人婚礼上所经历的那些）也会被电子媒介高度中介化。毕竟，现在的婚礼甚至葬礼上，可以说很少有现场参与者不开小差漫游到网络社交环境中去与朋友们互动的。婚礼这样的活动也越来越多地被记录下来，甚至被直播，以便使那些无法亲临现场的人也能够参加。梅罗维茨也没能预见到时间的崩塌，以及随之而来的过去和现在的社交网络之间的模糊交融。

在早期的电子文化中，家庭住宅的边界被电话、广播和电视等媒介技术部分地打破，这些技术提供了与其他人和地方的联系。[①] 现在，在21世纪，我们生活在这样一个世界里，不仅家庭的围墙被拆除，而且可以说家庭的所有内容——老旧相册和家庭电影，更糟糕的是，还有里面那些尴尬的故事和不受欢迎的记忆——都获得了重新流通的条件，甚至可以连续循环地存在着。

较早的媒介技术尽管也对社会关系产生了深远的影响，但并没有威胁到我们在试图切断社交网络方面的能力，如果我们想要这样做的话是基本能够做到的。在过去，信件可以没有回音，电报可以被忽视，电话可以响起铃声而不被接听。一个人可以选择不再转发他们的新邮箱地址，或者决定

---

① Ibid., vii.

第四章　当标签对象离开家乡

注销他们的电话号码，以避开来自过去人生中不受欢迎的联系人。在模拟媒介的世界里，我们可以不费吹灰之力地掌控和谁保持联系。换言之，即使我们的地址和电话号码起到了识别标志的作用，我们仍然可以控制谁能够获得这些信息，以及谁能够找到当下的我们。一般来说，我们可以根据自己的选择保持可见和联系的状态，并且可以自由地在过去和现在之间拉开任意长度的距离。

在 21 世纪，这种情况已经改变了。搬家不再意味着一定就会失去联系，无论我们是否努力想要与家人和朋友保持联系，都是如此。应该说在许多方面，这种新出现的联结性都是令人颇感欣慰的。试想一下 21 世纪移民的经历与第二次世界大战期间逃离欧洲的数百万人的经历有着多么深刻的区别吧。西方记者的笔下就常常记录着这样的场景：今天的移民从拥挤的橡皮艇和漏水的船上爬出来，给留在北非和中东各国的家人和朋友们打电话和发短信。自 2015 年以来，新一代移民发短信的照片已经变得随处可见。移民在博客和推特上讲述他们穿越欧洲的旅程时亦是如此。留守的家庭成员现在可以与他们的子女保持联系，甚至可以使用跟踪应用程序（如苹果手机的"查找我的朋友"）追踪他们在欧洲和世界各地的脚步，这种状况与 20 世纪 40 年代或 50 年代，甚至 80 年代移民的经历形成鲜明对比。但对一些移民来说，将社交网络带在身边也导致了意想不到的后果。那些被留下的人们仍然每天 24 小时都存在着，来自难民营和战区的亲人的信息、照片与视频会不断涌现，这可能使那些移民难以

137

### 遗忘的尽头：与社交媒体一同成长

从创伤中恢复过来，即使他们还算是能身体健全地继续生活下去。① 然而，不仅仅是移民这一个群体在流动的过程中带着他们的社交网络。

我们可以试着考虑一下离开家乡去上大学这种常规得多的仪式性场景。离家远行曾经很简单。当我离开自己长大的乡村社区时——我曾多年期待着这一时刻的到来，并且常常担心我可能无法活到那一天——我或多或少与自己的过去划清了界限。在我念大学的第一年，我确实与高中的三四个朋友还保持着联系，但是当我读到大二时，我已经与高中以及老家的几乎所有人都失去了联系。在大学第一年结束时，我决定转到一所新的大学。于是，我与过去的联系的再次中断彻底完成了。四年后，当我申请念研究生时，我已经没有了在高中或大学一年级时认识的任何人的电话号码或地址。在我十几二十岁的时候，我的社交网络一直都在变化。当我尝试不同的居住地点、生活方式和身份时，人们在我的生命中来了又走。在这些年里我可以与他人形成紧密的关系，包括浪漫的和非浪漫的，然后很快地又能够继续前进，这一事实让我感到自由。与过去彻底决裂的能力，特别是与我所长大的乡村社区的决裂，也使我更容易［在高中同直联盟俱乐部（gay-straight alliance clubs）出现和同性恋婚姻立法之前的时代］以同性恋者的身份出柜。

---

① Jodi Kantor and Catrin Einhorn, "What Does It Mean to Help One Family?" *New York Times*, Sept. 8, 2016.

## 第四章 当标签对象离开家乡

今天，若有着相近背景的人在类似的情况下想要离家并重塑自己的话，就会面临我当时未曾遇到的障碍。在过去，保持联系还是得付出一些努力的。例如，当我去上大学的时候，我不得不与几个我希望保持联系的朋友交换电话号码和地址。而今天的大学生在进入校园时有着更多的联系。他们既有的社交网络也会跟随他们移动。这些社交网络通常不仅包括身边亲近的朋友，还包括在远方的高中甚至初中和小学的那些熟人，以及亲戚和家人朋友，乃至他们一路走来时相遇的数百号人。可以说，今天的青少年携带着来自他们原籍地的源源不断的图像和最新信息走向未来。在这个意义上，他们不断被唤回到过去。但需要明确的是，这一状况可能并不完全是负面的。对于一些年轻人来说，社交媒体可以帮助他们处理生活中的许多过渡期，包括从家庭到大学的过渡。① 然而，如果他们所希望的是切断已有的社交网络，那么他们现在需要做的就远不止是简单的起身离开了。

为了离开家乡（包括身体和社交上的离开），现在人们必须通过注销已有的社交媒体账号或至少屏蔽过去的某些人，来"修剪"自己的线上社交网络。然而，单纯屏蔽几个人（例如，高中时期的某个恶霸或某位无足轻重的亲友）可能是不够的。如果一个人的社交网络中有其他人仍然与那个被你删除掉的人有着联系，那么可以说，他们还是会以某

---

① Chia-chen Yang and B. Bradford Brown, "Motives for Using Facebook, Patterns of Facebook Activities, and Late Adolescents' Social Adjustment to College," *Journal of Youth and Adolescence* 42, no. 3 (2013): 403–416.

### 遗忘的尽头：与社交媒体一同成长

种代理的方式继续存在着。在多年的媒介研究入门课程教学中，我经常要求我的本科学生讨论他们是如何处理这种困境的。虽然许多学生要么认为没有办法与过去彻底决裂，要么根本不想这样做，但每年我都会遇到至少几个学生，他们为了完成这一曾经简单的任务而付出了极大的努力。毫不奇怪，这些学生通常都有一个令人信服的理由，想要在他们过去和现在的生活之间至少拉开一些距离。这些年轻人中，有一些自认为是女同性恋者、男同性恋者或是跨性别者，但他们此前成长的地方对这种身份的容忍度仍然十分有限。有些学生生长于乡村社区，来到纽约后梦想着成为艺术家、音乐家或是作家，借此重新塑造自己。有些学生则是年轻女性，急于摆脱自出生以来就被刻在她们身上的命运。在这里可以举其中一人作为例子。

凯文（Kevin）是一个有抱负的电影评论家，来自纽约州北部的一个小镇，他愤世嫉俗地形容那里是一个以杀人犯众多而闻名的地方（该镇有一个最高安全级别的监狱），他是我遇到过的少数几个想要彻底"抹杀"其旧数据主体并重新开始人生的学生之一。"当我读到大二的时候，"他告诉我，"我（脸书上）的信息流（最新动态页面）就变得非常奇怪。其中既有来自我在纽约的新朋友所发布的关于同性恋行为艺术的帖子，也有来自我高中的那些人所发布的在砾石坑里骑越野车的帖子，他们还在高中时的照片上把我标注出来。但我的生活需要向前看呀。"为了"向前看"，凯文采取了激进的措施，即注销了他所有的社交媒体账号，然后

第四章 当标签对象离开家乡

用一个假名和新的电子邮件地址注册了新的账号。但事实证明，他的实验只成功了一半。即使有了新的账号和新的身份，他仍然会收到自动推送给他的那些他曾试图切断往来的好友的添加建议。然后，他有点冲动地犯了一个错误，把一个与他仍有联系的老朋友重新加入了他的新社交网络。而这个决定仿佛打开了他以前熟人添加好友请求的闸门。虽然没有人知道他是谁（因为他现在用了一个新的名字和头像），但他们之间这唯一的相互联系就触发了建议更多账号联结的算法机制。最后，尽管做出了种种努力，凯文还是无法完全脱离他的旧社交网络，而且对实现与过去的彻底决裂计划也不再乐观。凯文谈道："我妈妈有一本很搞笑的高中纪念册。她每隔几年就把它拿出来翻一翻，高兴一阵儿后又把它扔回地下室的盒子里。我希望我也能这样做，但我做不到。"他继续说道："我依旧被打上了标签——我指的是以前的那个我——仍然在从前那些熟人发到网上的高中照片上被标注出来。我想以前那个凯文将会永远存在了，而我只能和他以及所有那些他试图逃避的人一起生活下去。"

104　　凯文的困境清楚地说明了 21 世纪离开家乡的两个独特障碍。首先，社交媒体平台与我们一起跨越空间和时间。从一个地方迁往另一个地方曾经使我们难以维持社会关系，但随着诸如脸书等社交媒体平台的普及，地理距离不再构成很大的威胁。其次，标签，尤其是照片上的自动标签，正在深刻地改变着过去被带入现在的方式。

141

## 遗忘的尽头：与社交媒体一同成长

### 标签对象简史

为了理解像凯文这样被标记的对象意味着什么，简单回顾一下标签的历史是有帮助的。历史上，标记基本上是一种只用于非人类而不是人类的物质实践，这一情况直到最近才发生变化。

我们以标记鸟类的历史为例。几个世纪以来，北方地区的人一直想知道鸟类在每个冬天都经历了什么。它们是飞到一个更温暖的地方，变成不同的物种，还是像蛇和青蛙一样冬眠？鸟类的迁徙是一个巨大的谜团，足以吸引从亚里士多德（Aristotle）[1]到荷马（Homer）[2]再到老普林尼（Pliny the Elder）[3]等学者们的关注。在《动物史》（*History of*

---

[1] 亚里士多德是古希腊古典时期的一位哲学家和多面手。他的著作涉及许多学科，包括物理学、生物学、动物学、形而上学、逻辑学、伦理学、美学、诗歌、戏剧、音乐、修辞学、心理学、语言学、经济学、政治学、气象学、地质学等。亚里士多德对他之前存在的各种哲学进行了复杂的综合，他的观点深刻地影响了中世纪的学术研究，他被中世纪的穆斯林学者尊称为"第一导师"，而在托马斯·阿奎那等中世纪的基督徒中则被直接称为"哲学家"，诗人但丁则称他为"知识分子的大师"。——译者注

[2] 荷马相传为古希腊的吟游诗人，《伊利亚特》和《奥德赛》这两部史诗是古希腊文学的奠基之作，其作者身份被认为就是荷马。在但丁的《神曲》中，维吉尔称他为"诗人君主"，是所有诗人中的国王。亚历山大·波普在其翻译的《伊利亚特》序言中表示，荷马一直被认为是"最伟大的诗人"。——译者注

[3] 盖乌斯·普林尼·塞孔杜斯，常称为老普林尼或大普林尼，是古罗马作家、博物学者、军人、政治家，也是早期罗马帝国的海军和陆军指挥官，是维斯帕先皇帝的朋友。他写了百科全书式的《自然史》（*Naturalis Historia*），该书确立了百科全书的编写体例。他的大部分业余时间都在研究、写作和实地调查自然和地理现象。——译者注

## 第四章 当标签对象离开家乡

Animals）中，亚里士多德声称，虽然有些鸟类确实在迁徙，但其他鸟类，包括鸽子、燕子和莺，就只是钻进洞里。① 一直到 20 世纪，鸟类的迁徙仍然让生物学家感到困惑。追踪鸟类的系统性尝试始于 19 世纪初，当时的生物学家开始捕捉鸟类，然后在它们的一条腿上系上绷带，以此来标记它们。② 然而，通过这种方法产生的数据其实很有限，因为只有一小部分鸟类被再次找到。直到 20 世纪中期，生物学家们终于找到了一种更好的方法，即遥测技术。这一技术起源于 19 世纪，当时是一种有线技术，在第二次世界大战期间被改进为一种无线监视工具。战后，遥测技术依靠无线电波来传输有关远处事物的信息，最终也被用于传输有关生物的信息。作为目前基于 GPS 的诸多技术的先驱，它使生物学家能够在距离很远的地方获取数据，更重要的是，能够追踪移动中的生物。③

假设鸟类、鱼类甚至灵长类动物对隐私没有任何了解，因此也不需要维护它们的隐私，那么对非人类动物的行动进行标记和跟踪的努力通常不会受到质疑。自 20 世纪中期以来，这种做法产生了大量关于动物全年去向和行为方面的数据。但是，标记野生动物只是标签的一种类型——主要侧重

---

① Aristotle, *The History of Animals*, book 13：16.
② Peter Berthold, *Bird Migration: A General Survey*, 2<sup>nd</sup> ed. (Oxford：Oxford University Press, 2001), 12.
③ Mark R. Fuller and Todd K. Fuller, "Radio Telemetry Equipment and Applications for Carnivores," in *Carnivore Ecology and Conservation: A Handbook of Techniques*, ed. Luigi Boitani and Roger A. Powell (Oxford：Oxford University Press, 2012), 152.

### 遗忘的尽头：与社交媒体一同成长

于生产科学知识。自 20 世纪 90 年代以来，标记工作不仅采取了新的形式，其动机也远远超出了生产知识的诉求。

在 20 世纪 90 年代中期，兽医开始常规地在家养动物如猫和狗身上植入微芯片。这些小的电子芯片就嵌在皮下组织中，里面含有宠物的识别信息。虽然以前也曾对宠物以其他方式（如戴标牌或文身）进行过标记，但这种在当时每只宠物只需花费 15 至 45 美元就能植入的微芯片被广泛认为在识别走失宠物方面更加有效。[1] 因此，成千上万有责任心的宠物主人开始给他们的小猫、小狗植入芯片，尽管这些人做梦也不会想给自己的孩子、配偶或年迈的父母植入芯片。诚然，人们当时对在附近徘徊的宠物猫还无法进行实时追踪（现在则可以使用基于 GPS 的技术，包括附在宠物项圈上的廉价追踪器），但芯片项目提供了一些保证，如果"胡子们"失踪了，他或她将更有可能被找到并被送回。不过，为家庭宠物植入芯片的举措还起到了其他作用。许多人认为他们的宠物是家庭的一分子。与生物学家几十年来一直在标记和追踪的野生的老鹰、雉、水獭和狼不同，宠物与我们生活在一起，甚至在我们的厨房里吃饭，在我们的床上睡觉。对宠物植入芯片行为的接受标志着对追踪的更广泛的接受，

---

[1] Sam Howe Verhovek, "Ethical Issues Arise in Boom in Pet Microchips," *New York Times*, June 12, 1999.

第四章　当标签对象离开家乡

即便还不是对人，至少也是对我们深切关心的生物的追踪。① 换言之，随着我们开始给宠物植入芯片，电子追踪便从一种完全由数据驱动的活动（一种专注于为研究而收集信息的做法）转向了一种情感性的活动（一种专注于跟踪心爱宠物的做法）。因此毫不奇怪，到 21 世纪初就已经有一些人开始认为给人类至亲植入芯片也是一个好主意。

2002 年，美国佛罗里达州南部的一个家庭选择在他们的手臂上植入微芯片，这件事成为世界瞩目的头条新闻。该决定是由这个家庭的 14 岁儿子德里克（Derek）推动的，他说服他的父母认同植入的芯片是一种潜在的救生安全装置。其家庭成员后来向哥伦比亚广播公司新闻台（CBS News）解释说，德里克的父亲有很多健康问题，植入芯片后，如果出现紧急情况，第一反应者能够迅速识别他的身份，这让他们感觉更安全。② 尽管他们的出发点似乎是好的，但在当时，这个家庭决定给自己植入芯片的做法受到了一些医学伦理学家的质疑，并受到了媒体和公众的嘲笑。在雅各布斯家

---

① 尽管在人类身上做标记或植入追踪装置从未被广泛接受，但也有少数例外。在一些人（那些被奴役的人）身上打上烙印或文身的历史悠久而令人不安。而在 20 世纪 70 年代，美国的刑事司法系统也开始使用电子追踪装置来监控假释的个人。这种形式的标签往往受到欢迎（甚至被许多监狱改革者接纳），被认为是延长监狱刑期的一种进步的选择，而不被视为对隐私的侵犯。Barton L. Ingraham and Gerald W. Smith, "The Use of Electronics in the Observation and Control of Human Behavior and Its Possible Use in Rehabilitation and Parole," *Issues in Criminology* 7, no. 2 (1972): 35 – 53.

② Dan Collins, "Florida Family Takes Computer Chip Trip," CBS News, May 10, 2002, http://www.cbsnews.com/news/fla-family-takes-computer-chip-trip/.

### 遗忘的尽头：与社交媒体一同成长

公开他们的决定后不久，记者和小说家列夫·格罗斯曼（Lev Grossman）便发表了一篇针对这个家庭的出言不逊的文章，当时他还是《时代》杂志的首席科技作家，该文的标题就是"迎接芯片之子"（Meet the Chipsons）。而其他人，包括隐私专家理查德·史密斯（Richard Smith），也都怀疑这个家庭的决定是否只是一个宣传噱头。①

尽管美国食品和药物管理局批准将绝对芯片（VeriChip）② 植入雅各布斯家庭成员的体内，但面向人类的微型芯片从未被广泛接受。15 年后的今天，这种做法——

---

① Lev Grossman, "Meet the Chipsons," *Time*, Mar. 11, 2002, 56 – 57; Smith quoted in Julia Scheeres, "They Want Their Own ID Chips Now," *Wired*, Feb. 6, 2002, https://www.wired.com/2002/02/they-want-their-id-chips-now.

② 绝对芯片（VeriChip）是一种可注射的识别芯片，可以植入人体的皮下组织，提供生物识别验证。VeriChip 由 Applied Digital Solutions 公司制造，大约有一粒米那么大。它包含一个识别号码、一个用于传输数据的电磁线圈和一个调谐电容器；这些部件被封装在一个与人体组织兼容的硅和玻璃容器内。该芯片采用了类似于动物收容所用于标记宠物的注射式 ID 芯片的 RFID（无线传输）技术，可由四英尺以外的专用扫描仪读取。VeriChip 的初衷与医疗警报手镯的功能基本相同，为医务人员提供有关病人病史的救生信息。它现在被用于安全和自动数据收集，以及医疗目的。——译者注

甚至这种想法——仍然受到冷遇。① 这可能是因为《机械战警》(Robocop)和《神经漫游者》(Neuromancer)等科幻小说的叙述强化了这样一种观念：给人植入芯片就等同于人失去隐私、个性、能动性和控制权。但是，既然人们持续抵制芯片植入，我们又该如何解释世界上有许多人允许自己以其他方式被标记和跟踪，而且往往还是出于自愿呢？

在雅各布斯一家自愿被植入芯片后不久，一项与此无关的技术发展使人类被标记的现象更加普遍，但也更难察觉。经过几十年在军事领域的发展和严格的监管，支持 GPS 的设备终于被授权用于非军事用途，为普通人创造了相互跟踪的新可能性。② 随着手机制造商推出具有 GPS 功能的智能手机，父母被认定为一个显著的目标市场。这些型号的手机价格昂贵，家长们往往需要在每次登录时支付费用，以便远距离监视他们的孩子。尽管如此，这些设备还是成功开拓出了市场，原因有二：首先是父母的需求，他们长期以来一直梦

---

① 例如，在 2017 年年初，一家瑞典初创公司开始为员工植入微芯片，这些芯片可以打开房门，并可用于完成常规任务，如登录复印机等。为了鼓励这种做法，该公司为所有同意植入芯片的员工举办了一个"芯片派对"，但这并不是强制的。Associated Press, "Cyborgs at Work: Swedish Employees Getting Implanted with Microchips," *The Telegraph*, Apr. 4, 2017. 虽然该公司的做法获得了相当多的新闻关注，但并非所有的关注都是正面的。《纽约时报》上的一篇文章详细介绍了这种植入物在未来可能带来的潜在问题，这些问题包括对员工行为的过度监控（例如，他们上厕所的时间长度），以及为黑客攻击创造新的途径等。Maggie Astor, "Microchip Implants for Employees? One Company Says Yes," *New York Times*, July 27, 2017.

② Hiawatha Bray, *You Are Here: From the Compass to GPS, the History and Future of How We Find Ourselves* (New York: Basic Books, 2014).

## 遗忘的尽头：与社交媒体一同成长

想着能够追踪他们孩子的动向；其次，儿童和青少年也自愿携带手机到任何地方。① 随着苹果手机席卷市场，以及诸如"查找我的朋友"等应用程序（允许人们找到同意分享其位置的朋友）的普及，配备追踪功能的手机成本骤降，于是许多人开始日夜追踪他们的至亲好友。针对那些年龄尚小而没有自己的手机的儿童，市场上又出现了其他基于GPS的设备，通常伪装成手表，或是可爱的带夹子的配饰，外观像花朵或机器人那样。② 可以说正是这种变化，而不是对电子追踪更深的厌恶，减缓了对人类进行芯片化的行动。然而，在21世纪的前20年里，配备GPS的设备并不是唯一导致人类成为标签对象的东西。我们中的许多人也开始在照片上标记自己和其他人。可能正是照片上的标签，而不是跟踪设备或植入的芯片，最终对任何希望离开和不被过去拴住的人构成最大的障碍。

---

① 在《纽约时报》2006 年的一篇文章中，大卫·波格（David Pogue）写到了父母对追踪他们孩子的兴趣。"让我们面对现实吧：我们爱上了秘密定位追踪器的想法……许多父母可能曾短暂地怀有为他们的孩子配备这种追踪装置的幻想……由于基于GPS技术的先进科学卫星跟踪，这个曾经的科幻道具现在不再是一个幻想中的小玩意了。现在至少有五家公司……已经将GPS追踪技术植入儿童自愿携带的东西：手机。"Pogue, "Cellphones That Track Kids," *New York Times*, Dec. 21, 2006, Cl.

② 正是鉴于这些标签的历史，一些公司，如Trax（为有小孩的家庭提供最流行的消费者追踪设备之一的开发商），开始向父母和宠物主人推销同样的技术，这并非无关紧要的现象。详见Trax公司的主页：https://traxfamily.com。

## 照片标签的起源

在 21 世纪第一个十年中期，美味书签网站 Delicious（最初是 del. icio. us）的创始人约书亚·沙克特（Joshua Schachter）[①] 采用了标签的隐喻，以向非专业受众介绍元数据（metadata）的概念。此后不久，"标签"这一术语及其做法也被照片分享网站雅虎网络相册（Flickr）采用。[②]

"元数据"这一术语指描述其他数据的数据。在模拟世界中，元数据通常是只有专业人士（比如图书馆的编目人员）才会关注的东西。但这并不意味着普通人就从没使用过元数据。在一张陈旧的家庭照片背面用铅笔所做的那些笔记，用以说明照片中的人叫什么名字，以及照片是何时何地拍摄的，便是元数据的一个例子。当然了，你姑姑坐在乡间别墅前船坞上的照片背面的笔记大概是只有你才看得到的元数据。可随着电子数据在 21 世纪初持续激增——主要是由

---

① 约书亚·沙克特是一位美国企业家，他在匹兹堡的卡内基梅隆大学获得了电子和计算机工程学士学位。沙克特在 2003 年 9 月发布了他的第一个版本的 Delicious。该服务创造了"社会化标签"和"特色标签"的概念，是他开发出来向一家名为 Memepool 的多作者博客提供建议链接的一套系统，他还将其中一些链接发布到他的个人博客 Muxway 上。2005 年 3 月 29 日，沙克特宣布他将全职从事 Delicious 的工作。2005 年 12 月 9 日，雅虎以未披露的价格收购了 Delicious。在此之前，沙克特是摩根士丹利股票交易实验室的分析师。2006 年，他被选入《麻省理工科技评论》TR35，成为世界上 35 岁以下的顶级创新者之一。——译者注

② Clay Shirky, *Here Comes Everyone: The Power of Organizing without Organizations* (New York: Penguin, 2008), 310.

## 遗忘的尽头：与社交媒体一同成长

于社交媒体平台的普及，任何人都可以发表文字、发布图片或是上传视频等——很明显，现在需要一种完全不同的新方法来处理元数据了。诚然，积攒数字照片既简单又便宜，但根据其内容去搜索并找到这些图像就大不一样了。随着人们的个人照片收藏开始以比过去更快的速度增长（主要是由于冲洗成本不再是一个障碍），可检索性成为一个日益紧迫的问题。① 管理网上流传的大量内容的方案之一便是把元数据工具交到用户手中——简而言之，把每个人都变成一位索引员。接下来发生的事情，既是解决信息管理中愈发严重的危机的明智之举，也是一种深刻的民主化姿态。人们希望，通过让每个人都能为数字人工制品添加元数据，并让这些元数据对其他人甚至对陌生人可见，使组织、规整所有这些数据的巨大挑战变得更容易应对。也许是因为元数据的概念有些晦涩难懂，"标签"这个相对更容易理解的概念便很快被采用了。但是，在早期的元数据项目和现在在媒介分享平台上所展开的项目之间至少存在一个非常重要的区别。元数据依赖历史上既定的分类法来对数据进行分类（例如，美国国会图书馆的主题标目）；相比之下，数字标签所依赖的则

---

① 迫在眉睫的信息过载问题既是公共危机也是私人危机。公共档案馆和图书馆肯定在努力解决这个问题，普通人也在努力解决，因为他们自己的照片收藏数量开始以越来越快的速度增加。参见 Dario Teixeira, Wim Verhaegh, and Miguel Ferreira, "An Integrated Framework for Supporting Photo Retrieval Activities in Home Environments," Ambient Intelligence, Proceedings of the First European Symposium, EUSAI 2003, ed. E. Aarts et al. (Berlin: Springer, 2003), 288-303, quotation on 288.

第四章　当标签对象离开家乡

是由信息架构师托马斯·范德尔·沃尔（Thomas Vander Wal）①在 2004 年所首次描述的"分众分类法"（folksonomies）。②

从表面上看，没有什么能比"分众分类法"听起来更不具威胁性和更祥和的了。这个词让人联想到友好的人们走到一起，从他们各自的角度来理解这个信息丰富的世界。起初，这基本上确实是分众分类法的运作方式。顾名思义，分众分类法是由可自由选择的关键词或标签组成的，它们可以被附加到任何信息资源上。在雅虎网络相册这样的网站上，早期的标签往往只是要求人们在他们的照片上添加基本信息，如人名、地名或事件背景等。当然，分众分类法的好处是人们可以自由地在他们的照片上添加更为深奥私密的标签，随着时间的推移，确实也有很多人这样做了。沙克特承认："你（通过标签）得到的信息总是有些不完美和模糊。但是，哪怕是一群人所做的诸如'同意'（okay）这样的标签，实际上都可能比让一个权威机构告诉你信息应该如何组

---

①　托马斯·范德尔·沃尔是一位信息架构师，因创造了"分众分类法""信息云"等概念而闻名，他的工作主要涉及网络以及信息设计和结构，特别是在社会技术背景下。沃尔在 InfoCloud Solutions 担任首席和高级顾问，这是一家咨询公司，为数字内容/媒体、分众分类/标签、社交网络以及个人、社会信息的使用与再利用等方面提供咨询。沃尔还是《知识世界》（*KM World*）的专栏作家，在他自己的博客"Off the Top"上发表文章。他曾在马里兰州贝塞斯达的 INDUS 公司工作，是信息架构研究所的创始领导委员会成员，以及网络标准项目（WaSP）的指导委员会成员。——译者注

②　Ethan Todras-Whitehill,"'Folksonomy' Carries Classifieds beyond SWF and 'For Sale'," *New York Times*, Oct. 5, 2005.

**遗忘的尽头：与社交媒体一同成长**

织的净价值更高。"①

现在回想起来，大概就是在 21 世纪前十年的中期，人们很快开始在诸如雅虎网络相册这样的媒介分享网站上给照片贴标签，因为这很有趣，也很容易，而且大多数用户认为这完全是无害的。如果有人给自己的妹妹或朋友打上标签，人们会认为这是一种有用的方式，可以保证他们以后能够检索到照片，或者其他人也可以在未来的几个月、几年乃至几十年里认出照片中的人是谁。数字照片标签最初就是以前类似行为——在照片背面做上笔记——的一种延伸，这种做法其实已经十分常见和普遍。但接下来所发生的事情可就不仅仅是在图像上添加元数据这一历史悠久做法的延续了。

当雅虎网络相册在 21 世纪前十年的中后期开始流行时，照片标签并未让人觉得是对隐私的侵犯或对遗忘能力的威胁。大多数雅虎网络相册用户会震惊地发现，他们当时的自愿劳动（即标记朋友和家人的照片）竟能产生如此广泛的后果。直到后来我们才发现，这些用户其实正在协助为一个新世界的出现打下基础，在这个世界里，标记活动不再依靠人类易变的记忆，而是由智能机器来完成。然而，有些人已

---

① 引自 Wade Roush, "Tagging Is It," *MIT Technology Review*, June 1, 2005, https://www.technologyreview.com/s/404210/tagging-is-it/.

经意识到了这一点。例如记者克莱·舍基（Clay Shirky）[①]在2005年就指出："标签的策略——不受任何既定分类约束的自由形式的标签——似乎是灾难的肇因，但正如网络向我们展示的那样，你也可以从大量混乱的数据集中提取惊人的价值。"[②] 舍基的预言被证明是非常准确的，但最终推动下一步发展的并非雅虎网络相册。

到2010年，脸书已经超过了雅虎网络相册和所有其他网络公司的类似产品，成为世界上最大的数字照片库。最初，这个流行的社交媒体平台上的标签与雅虎网络相册等竞争网站上的标签相似。但当每天有约1亿个标签被添加到脸书的照片上时，该公司已经准备好展开其第一个自动化标签实验了。[③] 差不多也就是在这个时候，消费者开始抛弃他们的老式翻盖手机，取而代之的是新的照相手机，这也导致拍摄和传播的照片数量激增。据美国市场研究公司InfoTrends

---

[①] 克莱·舍基是一位美国作家、顾问和大学教师，研究互联网技术和新闻业的社会和经济影响。2017年，他被任命为纽约大学教育技术副教务长，此前他曾在2014年至2017年担任纽约大学上海分校的首席信息官，他还是阿瑟·卡特新闻学院的副教授。他的课程主要涉及社会网络和技术网络的拓扑结构的相互影响，包括网络如何塑造文化以及文化如何塑造网络。自1996年以来，他一直在写关于互联网的文章并接受采访。他的专栏和文章出现在《纽约时报》《华尔街日报》《哈佛商业评论》和《连线》等报刊上。克里斯·安德森在《长尾》中称舍基为"互联网技术的社会和经济影响方面的杰出思想家"。——译者注

[②] Clay Shirky, "Ontology Is Overrated: Categories, Links, and Tags," n. d., Clay Shirky's Writings about the Internet, http://shirky.com/writings/ontology_overrated.html.

[③] Facebook, "Making Phototagging Easier," June 30, 2011, https://www.facebook.com/notes/facebook/making-photo-tagging-easier/467145887130/.

## 遗忘的尽头：与社交媒体一同成长

估计，从 2010 年到 2015 年，全球范围内所拍摄的照片数量增加了两倍，从每年 3500 亿张增加到 10000 亿张。[①] 照片标签和照相手机的广泛应用之间的结合将产生深远的影响，特别是对自动人脸识别技术的发展来说。

脸书的自动标记（auto-tagging）做法最初是协作性的，该平台会简单地根据用户可能喜欢的照片标记方式来提出建议。如果你已经在许多照片中标记了你最好的朋友，例如米拉（Mira），而脸书的面部识别系统在新的照片中识别出了米拉，那么它就会建议你在新照片中继续标记出米拉来。许多脸书的用户其实很欢迎这种标签建议。与其花几分钟时间给集体照片制作标签，不如让脸书的半智能机器人分担一些标记的工作。虽然主要是该公司的工程师负责完善自动标签功能，但不管你喜不喜欢，脸书的用户们也功劳不小。脸书不仅拥有最大的数字照片库，而且由于用户早期对标记活动的热情，它还积累了世界上最大的标签照片库。这种资产组合为人脸识别技术的发展奠定了基础，而这些技术现在正在损害我们控制自身在现在和过去可见度的能力。

虽然很难确定照片标签开始被视为可能损害个人隐私权的确切时间，但早在 2011 年就已经出现了一些警告信号。那年夏天，一位德国数据保护监督员警告说，该平台的自动

---

[①] Steven Heyman, "Photos, Photos Everywhere," *New York Times*, July 29, 2015.

照片标记功能可能违反了欧洲的隐私保护法。① 与此同时，美国法院也开始处理脸书的新面部识别工具了。2012 年，脸书短暂地取消了其自动标记功能。但同一时间，它收购了一家以色列公司 Face.com，这是脸书之前曾雇来协助开发人脸识别软件的一家科技公司。② 在接下来的一年里，脸书便竭力改进其人脸识别功能，到了 2013 年年初，所有脸书用户，至少是居住在美国的用户，都自动重新加入了该平台改进后的新自动标签实验。

从那时起，脸书与包括谷歌在内的其他大型科技公司一起，不断完善其人脸识别技术。这些公司已经实现了对我们如今及过去的能见度的改变。这就是标签历史下一个篇章的开始。

## 不再只是人群中的另一张面孔

随着人脸识别技术变得更加智能，有两件重要的事发生了，且非常迅速。首先，基于人群的面部识别变得无处不在，特别调查员不再是唯一拥有扫描大量人群和准确识别人物工具的人。由于我们大多数人的面孔现在都被贴上了标

---

① Kevin J. O'Brien, "Germany Investigating Facebook Tagging Feature," *New York Times*, Aug. 4, 2011, B4.

② Somini Sengupta and Kevin J. O'Brien, "Facebook Can ID Faces, but Using Them Grows Tricky," *New York Times*, Sept. 22, 2012, Al; Somini Sengupta, "Facebook Acquires Israeli Facial Recognition Company," *New York Times*, June 18, 2012.

**遗忘的尽头：与社交媒体一同成长**

签，在过去的十年里，即使照片中有一群人，做出正确匹配的概率也急剧提高。这种类型的人脸识别得到了媒体相当大的关注，主要是因为一个人现在可能很容易地就在他们不知晓的照片中被自动标记了。例如，一位父亲在繁忙的街角为他的孩子拍了一张照片，然后把照片发到脸书上，那么背景中曾经匿名的那些面孔也很可能被标记上。人们可能会发现自己被标记在一个完全陌生的人的私人时刻——这一现象显然也使每个人的行踪更加显豁。[1] 但是，街景并不是人们唯一可能被标记的地方。社会活动家也面临着在抗议行动中被标记的潜在问题。虽然已经有一些人试图规避人脸识别技术（例如，开发旨在混淆算法的服装甚至面部彩绘等），但在示威活动中被发现的可能性还是比以往任何时候都大得多。[2] 对于年轻人来说，这一技术的风险可能尤其大，因为他们更有可能参加抗议活动，并置身于第一线。然而，自动人脸识别技术还有另一个影响，不是关于空间的（例如，在人群中被发现），而是关于时间和历史。

早期的商用人脸识别软件在识别新照片中的朋友或家庭成员方面做得比较好，但在老照片中却不一定能识别出相同

---

[1] Rose Eveleth, "How Many Photographs of You Are Out There in the World?" *Atlantic*, Nov. 2, 2015.

[2] Robinson Mayer, "Anti-Surveillance Camouflage for Your Face," *Atlantic*, July 24, 2014. 随着人脸识别和自动标记技术的发展，激进的设计者已经开始开发破坏这些技术的方法，包括创新性面料，可以有效地打败或混淆旨在搜索照片中的人脸的算法。参见来自柏林的设计师亚当·哈维（Adam Harvey）的超脸部伪装项目，https://ahprojects.com/projects/hyperface。

的人，特别是那些被扫描、上传并发布到网上的照片。而随着人脸识别技术的进步，对老照片的标记开始变得更加准确。① 老式的数字照片，甚至是源自老旧印刷品（如高中纪念册）的数字化照片，现在都可以被标记。对许多人来说，特别是对那些对家庭历史感兴趣的人来说，开发出能够自动识别老照片中的人物的工具无疑是一项值得欢迎的技术进步。但是，对于像我在本章前面介绍过的学生凯文那种不情愿的被标记对象，又该怎么办呢？

  对于任何希望离开家乡并在他们当前的生活和过去的生活之间划定一个舒适距离（如果不是隔绝的话）的人来说，现在人脸识别技术都构成了一个主要障碍。为了继续前进，他们必须有效地"管理"他们试图远离的人，现在他们有可能被自动标记在即便是 20 年前所拍摄的照片上。虽然这听起来可能还不算糟糕透顶，但请考虑一下模拟时代的情况吧。或许你正在享受一个普通的工作日，这时 UPS② 的快递到了，然后你的同事打开盒子。盒子里有五本旧的高中纪念

---

  ① 蒂姆·莫伊尼汉（Tim Moynihan）在 2016 年年底的《连线》（Wired）杂志上报道，谷歌的应用程序 PhotoScan 旨在帮助用户对他们在相册和鞋盒中积攒的所有老式模拟照片进行更好的数字化拍摄。莫伊尼汉解释道："一旦被拍下，照片就会在线备份，并添加到你的谷歌相册库存中……随着时间的推移，这将是谷歌相册的人脸识别技术的一个很好的展示；该应用程序在用计算机视觉技术识别同一个人的不同人生阶段方面已经非常出色了，而大量的旧扫描照片应该是对该应用程序令人印象深刻的人工智能的一个全新考验。"Moynihan, "Google Just Made It Way Easier to Scan Your Own Photos," Wired, Nov. 15, 2016, https://www.wired.com/2016/11/google-photoscan-app-scan-your-old-photos.

  ② 美国联合包裹服务公司的英文缩写，它是世界最大的快递承运商和包裹运送公司之一。——译者注

### 遗忘的尽头：与社交媒体一同成长

册和一打家庭相册。突然间，你的同事们都在翻阅你七年级成人礼上的那些令人感到羞耻的照片，并打听你在担任高中科学俱乐部主席时所留的鲻鱼发型。虽然这听起来很荒谬，但事实上，这种窘迫的可能性现在已经触手可及了，因为人脸识别技术已经超越了现在，进入过去，可以识别并调出以前没有标记的那些图像。对于20世纪90年代以前出生的人来说，过去和现在的融合将被最小化，因为他们的童年是在模拟摄影的时代度过的（除非那些早期的照片现在已经被数字化了）。然而，对于此后出生的人来说，情况就大不相同了，因为他们的生活更有可能从一开始就被数字而非模拟媒介记录下来。

因此，在社交媒体时代离开家乡的问题是双重的。首先，一个简单的事实是，在我们所生活的时代，我们的社交网络很可能会和我们一起去到下一个地方。其次，我们过去的自己可以通过人脸识别的方式被拉进我们现在的社交网络之中。自动照片标记的捍卫者，包括那些作为人脸识别技术既得利益者的社交媒体公司，很快就指出用户其实并不是无能为力的。正如脸书喜欢提醒用户的那样，如果你不希望自己的照片被自动标记或被他人标记，你可以调整你的设置，这样被标记的图片就不会出现在你的最新动态页面中。当然，事实上你无法阻止他人对你进行标记，或完全关闭平台的自动标记功能。同样，在社交媒体平台照片墙上，不希望被标记的用户有责任控制（如果不是阻止）自己被自动标记或是被其他用户标记。然而，任何使用过一阵社交媒体平台的人都知道，这些规则实际上在不断变化，而要控制如何和何时被标记会让人感到不知所措，甚至令人绝望。对于像凯文这类只想摆脱过去的人来说，管理他过去那个自我的负担——并与他的老朋友和熟人保持距离——是一个需要持续经营和分心面对的事情，一个试图在一个新地方打造新身份的年轻人不应该承受这样的负担。

## 赢家与输家

在20世纪，科幻小说家们提供了各种版本的反乌托邦式的未来，在那里，人类在大脑中植入了微芯片，漫游世界。然而，到头来，可能是那些琐碎的、看似无害的相册，而不是微芯片，最终使我们的现在和过去变得完全可见，并威胁到我们遗忘和被遗忘的能力。这里的赢家是不言而喻的：技术公司，特别是那些拥有大型数据库的公司，包括脸书和谷歌。[1] 但谁是输家呢？

我想表达的是，在目前这些技术发展中损失最大的人，往往是那些因自己和过去拉开一些距离而获益最大的人。虽

---

[1] 为了正确看待脸书照片资产的价值，只需参考其最近的一项收购。照片墙是在2010年用大约50万美元的启动资金开发出来的。两年内，脸书以10亿美元的现金和股票收购了这家仍然没有真正收入来源的公司。脸书不仅收购了一个竞争对手，还收购了照片墙的大量标签照片——这一收购将有助于推动脸书在人脸识别技术方面的研究和开发。参见 Victor Luckerson, "Here's Proof That Instagram Was One of the Smartest Acquisitions Ever," *Time*, Apr. 19, 2016, http://time.com/4299297/instagram-facebook-revenue.

## 遗忘的尽头：与社交媒体一同成长

然许多人都有充分的理由与过去保持紧密的联系，但也有人从抛弃过去中受益。对于许多同性恋青年来说，抛弃过去的能力仍然是至关重要的。其他的经历——例如穷苦的成长经历——可能也需要人们重塑自己。一个人可能不需要完全与老朋友乃至家人断绝关系，但要保证个体的社会流动性可能还是需要有策略地廓清一下自己的过去。在这个富数据（data-rich）的世界里，不仅是照片，最终还有其他各种实物都被打上无数层数据的标签，为这个世界的到来付出最大代价的人，就是以前凭借飞往另一个时空并重塑自己便能获得最大意义的那些人。① 但需要明确的是，这里并不是说标签和人脸识别技术是完全有害的。正如早期技术的遭遇所表明的那样，用户面对新技术时所展现的那些充满创造性、想象力并且经常是出于政治动机而对技术做的重新调用是不能被低估的。但历史也表明，与新媒介技术的接触往往是由一个人的身份和物理位置决定的。② 那些从未拥有过浪漫化家

---

① 2017年4月，马克·扎克伯格（Mark Zuckerberg）在其年度开发者大会上告诉与会者，脸书正计划建立用户友好型增强现实（AR）应用，首先是可以通过手机体验的应用。例如，人们可能会通过发布带有点菜建议的虚拟笔记来评论一家餐厅。然而，社交媒体和AR的融合可能会导致一个新世界的出现，在这里不仅是文本和照片，连地方和事物都可以被标记。这些富数据（data-rich）的人工制品有可能深刻地改变我们在现在、过去和未来的可见度。

② 例如，当复印机在20世纪60年代首次推出时，施乐公司向男性办公室经理和行政人员推销这种机器，将其作为雇用接待员的一种成本效益高且准确的替代方案，即有效地使妇女的有偿办公室劳动成为多余的部分。最终，虽然妇女并没有被复印机取代，但办公室劳动被深刻地重组了，其重组方式至少在初期是高度性别化的。参见 Kate Eichhorn, *Adjusted Margin: Art, Activism, and Xerography in the Late Twentieth Century* (Cambridge, MA: MIT Press, 2016).

庭的特权的人——他们的生存甚至可能就靠着离开家乡，并在当前和过去之间拉开一些距离来维系——似乎更有可能在这个技术世界中落败。

# 第五章　追求数字消失

消失从来都不是一件容易的事，即使在印刷时代也是如此。以丹妮尔·科洛伯特（Danielle Collobert）①的故事为例。据报道，这位实验性的法国作家对她在 1961 年出版的第一本书颇感遗憾，以至于试图回收所有已在流通中的该书纸本。正如许多作家一样，她迫切想忘记自己的第一本书，但要做到这一点，她还得确保其他人同样也会忘记它。②毕竟，一个人是否真的能够遗忘，取决于别人是否愿意不再提

---

① 丹妮尔·科洛伯特生于 1940 年 7 月 23 日，是一位法国作家、诗人和记者。1961 年，科洛伯特放弃了她的大学学业，在巴黎的 Hautefeuille 画廊工作。同年 4 月，她自费与出版商 Pierre-Jean Oswald 合作出版了《战歌》（*Chants des Guerres*）。几年后，她销毁了这本她首次出版的书的早期版本。从 1970 年到 1976 年科洛伯特几乎一直在旅行。她的旅行强烈地影响了她后来的写作。1978 年，她请 Uccio Esposito-Torrigiani 将她的最后一部作品，即具有讽刺意味的《生存》（*Survie*）翻译成意大利文，这本书于该年 4 月底出版，3 个月后，科洛伯特在她的生日那天自杀身亡。作为一个实验性的作家，科洛伯特以一种令人不安的、悲观的、紧张的和严峻的风格写散文诗。她的作品显示出对作为人类目的地的死亡、性别的模糊性、旅行和疯狂的迷恋。——译者注

② Danielle Collobert, *It Then*, trans. Norma Cole (Oakland, CA: O Books, 1989), 9.

## 第五章　追求数字消失

醒他那些他希望抹去的东西。无论如何，对科洛伯特来说，消除其第一本书的记录是她认为可以掌握在自己手中的事情，并且最终她也基本上做到了。

现在想象一下另一种情境，如果科洛伯特出生于20世纪90年代末，而不是1940年，并且开始在线上出版（或自助出版）图书。由于出生在不同的时代，她可能会有更多的早期作品流传下来，也许还会包括少年时期的作品，这时若想全部召回这些作品则将是一个完全不同的故事。早期的作家可能很清楚地知道自己的第一本书只有那么三百或三千册在流通。而今天有抱负的作家则不同，他们会在照片墙上发布他们的诗歌，如此一来他们可能更不知道自己的作品最终传播到何处了。有人可能会说，从科洛伯特到照片墙的时代其实也没有什么变化，因为科洛伯特事实上并没有成功销毁她第一本书的所有副本（至少有一个副本确实留存了下来，因为这本书在她去世之后又重新发行了）。① 可是，起码有一件事情发生了变化，而这正是我们曾经认为理所当然的事，即知道一个文本究竟有多少副本在流通，以及至少可以想象将它们全部收回所需的相应能力。当然了，第一本书并不是人们唯一有可能想抹掉的东西。

在一次关于本书主题的谈话中，一位同事曾向我坦白道，他深切地理解为什么数字抹除（digital erasure）可能是

---

① 这本书名叫 *Chants de Guerres*，法国出版商 Calligrammes 于1999年再度将其发行。

## 遗忘的尽头：与社交媒体一同成长

令人向往的一件事。我的这位同事轻描淡写地告诉我，他曾有过一个"色情阶段"。当时，他是一个年轻的同性恋者，而且几乎没有什么收入，生活总是入不敷出。而参与出演一部色情电影是一种快速且简单的赚钱方式，还不会中断他的学习。几年后，当他在自己所在研究领域的一个国际学术会议上经过一家酒店的门厅时，一个年长的男人走到他身边，坚持认为他们一定认识——也许是在一个研究生研讨会或过去的某个工作会议上认识的。然后，这位陌生人忽然意识到，他完全是在另一种情况下认识我的这位同事的。"噢，你是那个滑板运动员！"他惊叹道。这并不是我的同事第一次被"揭发"。他解释道，在他年轻的时候，他曾以玩滑板的形象成名于同性恋色情片领域，十多年后，他在同性恋色情片世界的这些作品还继续在网上流传，并吸引了大量观众。幸运的是，我的同事已经设法将他过去的所作所为相对轻松地融入他现在的生活了（毕竟，他是一名在纽约市一个进步开明的校园里研究酷儿理论的教授）。读者大可想象，如果他选择在另一个领域工作（例如政府、执法机关或是基础教育等领域），他过去的这些经历很可能会引起更大的关注。到那时，他可能会迫切地想要忘记这些历史，并让别人也忘记它。但是，如果我的同事是真的想抹去他的"色情阶段"，这可能吗？

无论希望与过去的诗歌还是与色情影片拉开距离，在数字世界中，删除数据都绝不是一件简单的事情。因此，遗忘和被遗忘也是一大挑战。虽然可能有办法增加实现某种形式的数字消失（digital disappearance）的机会，但似乎最大限度也就是做到部分消失。

数字消失是我们现在或未来任何时候都不可能实现的，真正的原因不只是我们都生活在自身的数字足迹和数字阴影之中。个人对消失的渴望也与技术和经济层面的诉求相冲突。表面上看，永久删除一个有抱负的诗人的作品或一个年轻学者的色情影片似乎对技术演变的未来没什么影响。同样，有抱负的诗人的作品，甚至是色情影片，可能也没有或只有非常有限的潜力来创造收益。但是，所有这些微小的数据，每一个都能进一步产生更多的数据，而这些都具有相当大的价值。它们是技术和21世纪经济的驱动力。这意味着遗忘——这个曾经被认为是所有人类都拥有的一种内在资源——现在正与技术公司的利益对立起来，更广泛地说，也就是和任何试图利用数据来优化其产品或服务的公司站到了对立面。于是，真正的斗争不再是遗忘和记忆之间的斗争，而是遗忘和不断上升的数据价值之间的斗争，甚至是那些在过去没有承载任何内在价值的数据。由于各种原因，儿童和青少年受到这种转变的影响的方式和程度与成年人有着显著的不同。

## 数字空间、数字时间与社会心理合法延缓期

精神分析学家爱利克·埃里克森认为，应该给年轻人一点放松的机会，因为青少年时期甚至是成年早期都是紧张的

## 遗忘的尽头：与社交媒体一同成长

个人探索时期。正如我们在第二章中所看到的，埃里克森指出，大多数文化在历史上都给予年轻人一个社会心理层面的合法延缓期，在这个阶段他们可以不对自己的经历负太多责任。在社交媒体平台的普及和我们现在所看到的对童年和青少年时期前所未有的记录之前，较高比例的年轻人确实有试验、搞砸，然后继续前行的自由，而且几乎没有承担什么后果（尽管如此，我要提醒，这样做的能力也总是因个人的种族、阶级和性别而有所不同）。正如我之前所谈到的，数字媒介已经在很大程度上侵蚀了这种社会心理的合法延缓期。但是，是否可以通过某种数据清除过程来恢复它呢？已经有一些人试图从立法上建立这样的程序了，只不过数字媒介实践不断地在破坏这种尝试。

许多人确信，儿童和青少年应该能够在不被世人瞩目的情况下犯些错误。事实上，世界上的很多国家（但不包括美国）都有禁止在媒体上公开青少年罪犯名字的法律。[①] 其背后的逻辑是，未成年人可以犯错，并应该在长大成人后不因他们年轻时的判断错误而持续受到伤害。这些法律反映出某种社会默契，也就是应该允许年轻人暂停承担某种后果。现在也有越来越多的人支持立法，在数据清除方面给予年轻

---

[①] 在美国，最高法院认为，由于宪法第一修正案的权利，如实公布青少年的身份不应受到惩罚。参见 Smith v. Daily Mail Publishing Co., 443 U. S. 97, 103 (1979).

第五章　追求数字消失

人类似的特殊权利，但这些努力也都面临着巨大的挑战。[①]

欧盟引入的数据删除法的挑战之一便是，它依赖于公众人物和公民个体之间的区别。欧盟《通用数据保护条例》第 17 条要求数据控制者（收集数据的实体）在考虑是否批准删除数据的请求时要平衡个人主体的被遗忘权和相关数据的"公共利益"。[②] 一方面，这当然很有道理。假如你的隔壁邻居举办了一场狂欢派对，其中一位客人在网上发布了一些照片，而你的邻居要求他删除这些照片，这似乎是一个很正当的请求。毕竟你没有理由知道你的邻居是如何打发其休闲时间的。另一方面，如果你的隔壁邻居恰好是位市长，他还邀请了其他公职人员来参加聚会，那么获取这些信息可能就变得十分重要，因为它可能会告诉你一些关于这位市长的拙劣判断力或滥用权力等情况。但这提出了两个重要问题。在数字世界中，如何将公众人物与公民个体区分开来？以

---

[①] 例如，在英国，该国电影制片人和社会活动家比班·基德龙男爵夫人（Baroness Beeban Kidron）率先提出了一个被称为五权（5Rights）的框架，该框架提倡建立五项规则，旨在使互联网成为对儿童和青少年来说更安全和更有力量的空间。第一条规则即"删除权"（right to remove）："每个儿童和青少年应该有权利轻松地编辑或删除他们创造的所有内容。"不幸的是，这场运动也伴随着关于网络欺凌有多普遍以及儿童在网上有多危险的可怕的统计数据和故事。该运动坚持认为，这是由于尽管年轻人被形容为"数字原住民"，但他们实际上"处于数字理解的较低'阶梯'上"，并且"缺乏必要的技能和知识，无法从提供的巨大机会中获益，也无法理解他们数字互动的潜在结果，因为他们是在要么受到严格限制要么'被封锁'的空间，以及其他'无所不能'的空间之间移动"。Baroness Beeban Kidron, 5Rights Report, https://dlqmdf3vop2107.cloudfront.net/eggplant-cherry.cloudvent.net/compressed/04cd865a83931874b36510d15f05a08d.pdf.

[②] 欧盟《通用数据保护条例》（GDPR）第 17 条，"删除权"（被遗忘权），Intersoft Consulting AG, n. d., https://gdpr-info.eu/art-17-gdpr/.

### 遗忘的尽头：与社交媒体一同成长

及，那些成为公众人物的儿童和青少年又该如何处理？

随着社交媒体网站数量的激增，要判定谁是或不是公众人物将变得越来越困难。这种媒介本身有能力将个人变成公众人物，而且速度快得惊人。这正是发生在吉斯兰·拉扎身上的事情，当他的视频被发布到网上后，他似乎在一夜之间就变成了"星球大战小子"。对拉扎来说，成为一个互联网迷因是一种毁灭性的经历。然而，如果他出生在法国而不是加拿大的魁北克，并且成年后仍留在那里，他现在是否能够要求将过去所有与"星球大战小子"有关的提及他名字的索引都删除掉，使其不再出现在网络搜索的结果中？他能否要求将所有版本的"星球大战小子"视频，包括粉丝多次翻拍的版本，都从谷歌的网域中删除？或者说，他那不情愿的成名会不会令他失去这样做的能力？人们可以很容易地认为，由于各种原因，拉扎的故事具有公共价值，其中之一就是"星球大战小子"现在经常被作为广泛流传的互联网迷因的第一个案例。有人可能会说，拉扎故事的网络证据不应该被抹去，因为这些证据本身就是互联网历史的重要组成部分。事实上，本书中所提到的他的故事似乎也支持了这样的结论。这就导致了另一个问题：对于一个在青少年时期就有意培养自身网络名气的成年人所提出的类似要求，我们又该作何评估？与拉扎不同的是，克里斯蒂安·阿克里奇（被他的网络粉丝称为克里斯蒂安·勒夫）为创建他的网络名气和粉丝基础付出了相当大的努力。他不但没有成为受害者，反倒从他的社交媒体名气中获得了经济和其他方面的好处。假若再过 5 年或 15 年，他也对自己的青春期成名之路感到后悔，那么是否应该允许他追溯性地抹去他早先的网络生活痕迹呢？

这些假设的例子表明，对于网络恶名的受害者，甚至是自诩为社交媒体明星的人来说，公民个体和公众人物之间的区别可能无法支撑起一个特别实用的基础来决定谁应该或是不应该受益于数据删除法规。首先，社交媒体平台使得判定谁是公众人物变得十分困难。正如阿克里奇和无数其他社交媒体名人（包括年轻人和老年人）的例子所表明的那样，现在不需要经纪人，甚至不需要离开自己的家门，就有可能成为公众人物。一个人可以从私人场合，甚至是在自己的卧室内就能赢得公众名气。虽然早期的一些媒体现象（如电视真人秀）也侵蚀了公共领域和私人领域之间的界限，但社交媒体以更普遍的方式做到了这一点，而且年轻人更广泛地牵涉其中。① 第二个同样重要的考虑因素是，网络环境将在公众面前的体验与宣传行为融合到了一起。丹娜·博伊德观察到："在公众面前（being in public）与成为公众人物（being public）是有很大区别的。"她继续指出："青少年希望聚集在公共环境中进行社交活动，但他们不见得希望每一

---

① 虽然儿童有时会出现在电视真人秀节目中（通常没有像其他儿童演员那样的保护措施），但他们的数量很少。然而，儿童电视真人秀明星的经历确实反映了年轻的社交媒体名人的经历。在这两种情况下，曝光的条件似乎都规避了旨在保护儿童艺人的既定劳动法律和法规。Adam P. Greenberg, "Reality's Kids: Are Children Who Participate on Reality Television Shows Covered under the Fair Labor Standards Act?" *Southern California Law Review* 82, no. 3 (2009): 595-648.

### 遗忘的尽头：与社交媒体一同成长

个表达出来的想法最后都被公开。然而，由于身处网络化的公共场所——不同于在实地的公园与朋友聚会——往往会使互动更加可见……仅仅是参与社交媒体的活动就可以模糊这两种动态。"[1] 虽然成年人也会受到公民个体和公众人物之间界限模糊的影响，但这个问题对儿童和青少年来说更为严重。

在数字世界中，年轻人比以往更有可能成为公众人物。他们的活动也更有可能成为公众关注的话题。现在的他们有史以来第一次有机会获得制作与传播其生活影像作品所需的技术。但是，他们的社会和经济地位并没有改变。18岁以下的儿童和青少年仍然不能投票，不能对自己的学校教育和医疗保障做出相关决定，并受到家长对其晚上回家时间等的规定和其他类型的人身限制。尽管他们已经获得了前所未有的机会来记录和传播他们整天的生活，但他们的生活场景在很大程度上仍然局限于私人领域以及被社会认可的公共机构之类的环境，譬如学校。尽管他们的生活可以是非常公开的，但他们仍旧缺乏许多成年人所拥有的基本权利和自由。[2]

即使社会上有一种共识，也就是年轻人留下的数字足迹应该比成年人所留下的更容易清理，而且我们可以很容易地区分公众人物和公民个体，社交媒体的传播速度也很可能会

---

[1] danah boyd, *It's Complicated: The Social Lives of Networked Teens* (New Haven: Yale University Press, 2014), 57.

[2] Jessica Kulynych, "No Playing in the Public Sphere: Democratic Theory and the Exclusion of Children," *Social Theory and Practice* 27, no. 2 (2001): 231-264.

阻碍这种努力。在这里，我们不妨回到雷塔赫·帕森斯的案例来看一下。

帕森斯的生活被彻底毁了，因为她在一个青少年聚会上被拍了一张裸体照片，然后这张照片被放到网上流传。虽然她的自杀也可以说是调查受阻的结果，但照片的传播速度无疑也是一个重要因素。如果这张照片是宝丽来相片而不是数字图像，那它就根本不会传播得那么广或那么快。在这种情况下，就能很明显地看到社交媒体的传播速度是如何与社会后果的合法延缓期这一想法相违背的。毕竟，爱利克·埃里克森心目中的合法延缓期有赖于目前的事件被遗忘，而不是被带入未来。

最终，帕森斯的案例提醒我们，与模拟媒介相比，数字媒介既无情又"难忘"。对于模拟媒介，在制作和播放的时刻之间总是存在一个时间差；但在数字媒介的情况下，制作和播放往往同时或几乎同时发生。青少年实际上不再是为了生产可以在未来访问的记忆对象而去记录自己的社会生活，而是通过一个记录媒介平台去体验社交世界。在网上，社会互动和对这些互动的记录融合到了一起，但这也给青少年带来了新的风险。与实地的公园、汽车后座或郊区的游戏厅不同，年轻人在网上开展的活动在某些方面就已经是公共记录的一部分了。即使我们同意，作为一个社会，对这些记录可以故意避而不见，但这样做的条件实际上也已经被严重侵蚀了。可以说，数字空间和数字时间的运作都不利于为青少年提供社会心理合法延缓期。

### 遗忘的尽头：与社交媒体一同成长

除了现在看起来一切都不利于这种合法延缓期的条件之外，还有一个因素也是不容忽视的，即由技术驱动的经济体从支持年轻人的遗忘和被遗忘的权利中几乎没有什么可谋取利益的空间。毕竟儿童和青少年约占全世界互联网用户的三分之一，他们参与并持续生产数据的意愿现在具有重要的经济意义。[①] 因此，目前旨在赋予儿童和青少年某种形式的数字消失的努力，只有当遗忘和被遗忘的愿望能够被捕捉到并被商品化的时候才有可能取得成功。

## 数据剥夺

为了理解为什么企业利益有可能决定数字消失的未来，并延伸到遗忘的未来，我们需要在目前的技术和经济景观中找到消失和遗忘的位置。

几十年来，对监控的忧虑一直在增加。然而，这些恐惧大多被证明是毫无根据的。在 20 世纪末，监控可以说是视觉技术的同义词。人们曾经预言，在 21 世纪，我们将生活在一个摄像头无处不在的世界。今天，摄像头的确很普遍，但每天记录下来的数千小时的视频录像只不过代表了总共收集到的所有关于人的数据中的一小部分。对我们的隐私构成

---

① Sonia Livingstone, John Carr, and Jasmina Byrne, "One in Three: Internet Governance and Children's Rights," Innocenti Discussion Paper no. 2016 – 01, UNICEF Office of Research, Florence, 7, https://www.unicef-irc.org/publications/795-one-in-three-internet-governance-and-childrens-rights.html.

最大威胁的可能不是我们被看到的方式或频率，而是那些我们根本看不到的，甚至常常不知道其存在的数据。

科技公司持有的最有价值的资产便是他们的数据库。就像 19 世纪的木材和铁一样，数据现在是一种重要的资源。这就是为什么一个尚未货币化的数字平台可以价值数百万美元，而对于像照片墙这样的社交媒体平台来说，甚至可以达到 10 亿美元。① 虽然广告肯定是一个直接的收入来源，但这些公司的价值通常是基于他们生产数据并以之生产更多数据以及产品或专利的能力。媒体理论家乔蒂·狄恩（Jodi Dean）② 将这种现象描述为"传播资本主义"（communicative capitalism）。狄恩认为，在传播资本主义下（现在也是各个发达国家的主导经济结构），唯一真正重要的就是流通。对于流通本身来说，贡献的具体内容是次要

---

① 当脸书在 2012 年收购照片墙时，照片墙还没有产生任何利润，而且只有 13 名员工。但脸书购买的是一家已经占领了照片分享市场，并显示出持续增长迹象的公司。这次收购对脸书来说至关重要，因为该公司已经将人脸识别作为其商业战略的一个关键部分。Josh Constine and Kim Mai Cutler, "Facebook Buys Instagram for ＄1 Billion, Turns Budding Rival into Its Standalone Photo App," TechCrunch, Apr. 9, 2012, https://techcrunch.com/2012/04/09/facebook-to-acquire-instagram-for-1-billion.

② 乔蒂·狄恩是美国政治理论家，纽约州霍巴特和威廉·史密斯学院政治学系教授。她在 2013 年至 2018 年担任唐纳德·哈特人文社会科学教授。狄恩还担任过鹿特丹伊拉斯谟大学哲学系人文科学教授。狄恩运用列宁主义、精神分析和某些后现代主义理论，对政治理论、媒体研究和第三波女权主义做出了贡献，最引人注目的是她的传播资本主义理论——民主和资本主义在网上合并成一个单一的新自由主义，通过重视情感表达而不是逻辑话语，颠覆了群众的民主冲动。她曾在奥地利、比利时、加拿大、丹麦、英国、德国、匈牙利、爱尔兰、意大利、荷兰、挪威、秘鲁、土耳其等地演讲和讲学。她还曾是政治理论杂志《理论与事件》（Theory & Event）的联合编辑。——译者注

## 遗忘的尽头：与社交媒体一同成长

的。换句话说，什么信息被发送，由谁发送，何时发送，以及它们是否被听到或答复，都无关紧要。只要数据保持生产，那么当前的经济体系就会持续地蓬勃发展。[1]

为便于理解，在这里可以做个比较。思考一下社会活动家们对社交媒体的采用，比如那些在"阿拉伯之春"[2]、占领华尔街[3]，以及"黑人的命也是命"[4] 等运动中聚集到一

---

[1] Jodi Dean, *Democracy and Other Neoliberal Fantasies: Communicative Capitalism and Left Politics* (Durham, NC: Duke University Press, 2009).

[2] "阿拉伯之春"是21世纪10年代初蔓延到阿拉伯世界大部分地区的一系列反政府抗议活动、起义和武装叛乱。它始于对腐败和经济停滞的反应，首先在突尼斯开始。抗议活动随后蔓延到其他五个国家：利比亚、埃及、也门、叙利亚和巴林，这些国家要么统治者被废黜，要么发生重大起义和社会暴力，包括骚乱、内战或叛乱。摩洛哥、伊拉克、阿尔及利亚、伊朗、黎巴嫩、约旦、科威特、阿曼和苏丹都发生了持续的街头示威活动。在吉布提、毛里塔尼亚、巴勒斯坦、沙特阿拉伯和摩洛哥占领的西撒哈拉发生了小规模的抗议活动。——译者注

[3] 占领华尔街（OWS）是一场反对经济不平等和金钱对政治的影响的抗议运动，于2011年9月在位于纽约市华尔街金融区的祖克提公园开始。它在美国和其他国家引发了更广泛的占领运动。占领华尔街运动提出的主要问题是社会和经济不平等、贪婪、腐败和企业对政府——特别是金融服务部门的不当影响。占领华尔街的口号是"我们是99%"，指的是美国最富有的1%和其他人口之间的收入和财富不平等。为了实现他们的目标，抗议者在大会上做出了基于共识的决定，强调通过直接行动而不是向当局请愿来纠正问题。2011年11月15日，抗议者被迫离开祖克提公园。抗议者随后将重点转向占领银行、公司总部、董事会会议、法拍屋、学院和大学校园以及社交媒体。——译者注

[4] "黑人的命也是命"（BLM）是一个分散的政治和社会运动，旨在强调黑人所遭遇的种族主义、歧视和不平等。当其支持者聚集在一起时，他们主要是为了抗议警察对黑人的暴行和出于种族动机的暴力事件。该运动开始于2013年7月，在乔治·齐默尔曼于17个月前的2012年2月枪杀非洲裔美国少年特雷冯·马丁被无罪释放后，社交媒体上使用了#BlackLivesMatter标签。该运动因2014年两名非裔美国人死亡后的街头示威而在全国范围内得到认可，迈克尔·布朗的死亡导致了密苏里州弗格森市的抗议和骚乱。标签和行动呼吁的发起人艾丽西亚·加尔萨、帕特里斯·库洛斯和奥帕尔·托梅蒂，在2014年至2016年，将运动扩展为一个由30多个地方分会组成的全国性网络。——译者注

起的人，他们既在网上也在现场。在过去，社会活动家也依赖那些他们可能不认同其政治目标的公司所生产的技术。例如，施乐公司在 20 世纪中期所开发的静电印刷技术（xerographic technologies）原本是为了方便特定类型的办公室工作，但该项技术却意外地成为几代社会活动家的帮手，他们依靠这一复印技术来制作廉价的海报和小册子。虽然施乐公司和其他复印机制造商的高管和研究人员可能并非没有觉察到他们的办公设备正在以一种颠覆性的方式被使用，但他们最终还是不清楚他们的设备究竟在复印哪些具体内容。此外，由于社会活动家经常在属于其雇主的复印机上复制他们的材料，所以制造商也没有直接受益。由是，这些制造商几乎不可能从他们使用其机器设备的行为中获得任何好处。今天，当社会活动家使用脸书、推特和照片墙等社交媒体平台时，这些公司可以获得大量的回报。每一条推特、每一次脸书更新、每一张在照片墙上发布的图片都会产生数据，而这些数据又可以被用于与这些原始信息、图片和视频内容无关的目的。这就是传播资本主义的力量，用狄恩的话说，它"吞噬了我们所做的一切"，此外，"不仅是我们中介化的互动，而是把我们所有的互动都变成资本的原材料"[①]。亦即，我们的数据正在被"剥夺"。

长期以来，资本主义正是依靠剥夺来进行积累。这种形

---

① Jodi Dean, "Big Data: Accumulations and Enclosure," *Theory & Event* 19, no. 3 (2016), https://muse.jhu.edu/article/623988.

遗忘的尽头：与社交媒体一同成长

式的积累可能这样发生，比如一个私营企业鼓励工人向养老基金缴费，但随后掠夺基金，让员工最终两手空空。[①] 数据剥夺延伸了晚期资本主义的逻辑，但在这种情况下，还有别的东西被掠夺，即数据；现在也包括我们通过不断的社会互动所产生的数据。有时，数据剥夺是显而易见的，例如，当我们必须修改我们的密码或是更新我们在网络商店的信用卡相关信息的时候，但它往往采取的是不太明显的形式。当公司收集、组合和挖掘不同的数据集（例如，关于我们在一周的哪一天购买什么类型的产品，以及我们搜索自己的医学症状的频率等数据集）以生产新的产品和服务，并将其卖回给我们时，数据剥夺也在发生。因为少量的数据通常没有什么价值，所以数据的剥夺也是一种集体经历。然而，有待争夺的正是我们聚在一起的模式。我们彼此之间互动所产生的数据被挖掘出来，以便为私人公司服务。[②] 如果我们想在未来保持遗忘和被遗忘的能力，我们就必须克服这种新形式的剥夺。

## 128　记忆的生意

遗忘和被遗忘并不是一回事，但它们之间有着密切的联系。遗忘最常被认为是一个神经或心理过程。有时候我们的

---

① David Harvey, "The 'New' Imperialism: Accumulation by Dispossession," *Socialist Register 40* (2004): 63–87.
② Dean, "BigData."

大脑允许一些信息变得不可访问（例如，不再相关的信息），这样我们就可以专注于更多当前和相关的信息。[1] 而被遗忘则是一个迥然不同的故事。毕竟，这是一个完全取决于其他人的过程。并且，有时我们自己的遗忘能力也会被其他人的未能遗忘所打断。就好比我们在街上碰到一个老朋友，他可能会提起一个特定的人或一段我们已经忘记的共同经历（也许是因为那是我们没有必要记住的事情，或者是我们宁愿忘记的负面事情），这时我们自己的遗忘就会被中断。也就是说，你可以在自己没有遗忘的情况下被遗忘，但在没有被遗忘的情况下实现遗忘则要困难得多。被遗忘终归是社会性的。这就是为什么社交媒体对遗忘和被遗忘的未来构成了如此大的威胁。

如果像狄恩所说的那样，我们现在生活在一个我们的社会关系为另一个人的私人利益服务的世界里——社会互动被用于"分析过去的模式，并作为数据为未来的模式保留下来，以便榨出一些竞争优势"——那么，被遗忘就必然会被看作一个问题。[2] 随着私人利益被投入到我们的社会关系中，彼此的遗忘便不再完全由我们控制。想想看，像脸书这样的平台，在确保我们既不遗忘他人也不被他人所遗忘等方面投资之巨，即使这些人是我们几十年未曾联系过的。

---

[1] Simon Nørby, "Why Forget? On the Adaptive Value of Memory Loss," *Perspectives on Psychological Science* 10, no. 5 (2015): 562.

[2] Dean, "BigData."

**遗忘的尽头：与社交媒体一同成长**

当我第一次注册脸书账号的时候（直到 2008 年我才注册，而且只是因为我那时搬去了一个新的国家），我的意图是与我已经认识并经常来往的人保持联系。起初，我的联系人主要是我刚刚离开的朋友，以及一些新同事。然而，随着时间的推移，越来越多过去的熟人开始向我发送添加好友申请。这些人差不多都是像我与迈克（Mike）那样的泛泛之交。我第一次见到他是在高中的一个戏剧节上。周末的戏剧节结束后，我和迈克便失去了联系，因为他住在三小时车程以外的地方，而在 20 世纪 80 年代中期，很少有青少年会相距这么远而保持联系。然而，五年后，他又转到了我所在的大学，我们终于成为朋友。毕业后，我们再次失去联系——也就是说，直到脸书出现后才又联系上。我好奇的是，为什么在近十五年后迈克会在脸书上加我为好友。毕竟我们已经有十多年没有说过任何话了，而到那时，除了过去的一点交集，我们已经没有什么共同点了。当然，几乎每个人在脸书上都有一个或十几个迈克。尽管这些人是我们不介意重新联络的人，但他们也是我们可能永远都不会再想起的人，而脸书创造了一个算法结构让我们重新联系——因为它投资于我们更新并持续进行的交往互动。

当我在 2011 年最终选择注销我的脸书账号时，另一件奇怪的事情发生了。当我这样做的时候，我被要求再看一眼所有我可能会由于采取了注销这一大胆步骤而错过的人的照片。迈克的脸是闪现在我屏幕上的其中一张面孔，但除此之外还有几十个我完全不认识的人的面孔和名字。在那时，我已经有了近七百个"朋友"——大多数都是我在各种会议或文学类活动中遇到的人，或者是我从未见过但与我有某种职业关联的人——虽然我没有理由记住这些人，但很明显，脸书记住了。然而，这个社交媒体平台将数百万的老朋友和远方的亲戚，甚至是陌生人聚集在一起，并致力于维系我们的关系，这其实与情感联络没有多大关系。脸书在每个人的记忆而非遗忘上大力投入，只出于一个很简单的原因。当我的老朋友迈克与我分享他孩子的照片而我为他们"点赞"，以及当迈克给我关于即将出版的新书的帖子"点赞"，并将链接转发给其他五个共同老朋友的时候，我们正在生产数据并促发着更多的联系，这对脸书来说是好事。如果世界上所有的凯特①和迈克都选择忘记而不是铭记，那么脸书就不会是今天这样的公司了。

今天，脸书在青少年和年轻人中的受欢迎程度正在下降，他们中的许多人向我描述，这是"老年人的社交媒体"。他们通常更喜欢照片墙和色拉布。然而，这三个社交媒体平台都是由一系列类似的目标驱动的。当脸书希望我给老朋友的孩子照片"点赞"的时候，其实照片墙和色拉布也已经开发出其他方法，以确保用户不断生产更多数据。例如，色拉布在 2016 年推出了一项名为"小火花"（snapstreaks）的功能。当你和一个朋友来回发送直接快照持续至少三天时，你们之间的小火花就会被记录下来。如果

---

① 即本书作者。——译者注

## 遗忘的尽头：与社交媒体一同成长

你和另一个拍客完成了这项任务，那么你们的名字旁边就会出现一个类似火焰的表情符号（emoji），以此确认你们之间正保持着火花。火焰表情符号旁边还会出现一个数字，以提醒你们的火花已经持续了多少天。如果出现了一个沙漏的表情符号，便是一个糟糕的提醒，表明你们的小火花即将熄灭。[①] 虽然这听起来可能很轻浮，但对于青少年来说，保持小火花的压力可能很强烈。记者玛丽·崔（Mary Choi）[②] 将自己置身于五个少女的社交媒体世界中，报道了她们对色拉布的使用："在任何地方与我交谈的青少年基本上都同时维系着 2 到 12 个火花。他们都说，尽管这感觉有点像苦差事，但这是与你可能觉得不够亲密的人进行短信交流的最完美的方式。其实，大多数发送的内容都是不怎么好看的脸部特写图像，这样所需要付出的社交努力和发送的表情符号差不多，但感觉却又非常不一样……发送快拍是为了让别人知道你在想他们，但也许又没有那么想。"[③] 不过，有一些青少年对小火花的投入要大得多。在我写这本书的时候，我问了几个青少年和大学年龄段的年轻人，他们为什么要保持他们

---

[①] Snapchat Support, "Snapstreaks," https://support.snapchat.com/en-US/a/Snaps-snapstreak.

[②] 玛丽·崔是一位韩裔美国作家、编辑、电视和文字记者。她是青年小说《紧急联络》（2018）和《永久记录》（2019）的作者。她还是 HBO 电视台节目 *Vice News Tonight* 的文化记者，曾是《连线》和《诱惑》杂志的专栏作家，也是一名自由撰稿人。——译者注

[③] Mary H. K. Choi, "Like. Flirt. Ghost.: A Journey into the Social Media Lives of Teens," *Wired*, August 25, 2016, https://www.wired.com/2016/08/how-teens-use-social-media.

第五章 追求数字消失

的小火花。有些人说，这只是一种与朋友和熟人保持联系的简单方法，包括那些他们可能不想进行真正对话的人，但也有其他人把他们的小火花描述为他们友谊和浪漫关系的"可见的痕迹"或是"证据"。小火花显然满足了青少年不断与同龄人保持联系的强烈愿望，而且也许更重要的是，这一功能设置支持了任何成功的传播资本主义形式所要求的"持续性"（ongoingness）。

## 遗忘的代价

如今，遗忘需要付出巨大的代价。而这些代价针对的还不是那些曾经拥有自身记忆的个人，而是越来越多的私人实体，他们投资于我们的记忆，并延伸到我们对遗忘的集体拒绝。那么，在一个遗忘会带来巨大经济后果的世界里，遗忘的未来是什么？今天的儿童和年轻人最终又将付出怎样的代价？

问题出在哪里？

在撰写这本书的过程中，我有几次机会可以公开汇报我的阶段性成果。不管我在哪里汇报，现场都至少有一位听众会问："我们不是都能适应吗？这些问题难道不是随着时间的推移，通过调整我们的期望和行为就能被解决吗？"我经常遇到这种对未来的强烈的乐观情绪———一种几乎是乌托邦式的期望，即设想我们将变得不那么专注于其他人的数字足

132

### 遗忘的尽头：与社交媒体一同成长

迹，并对我们一开始放到网上的东西更加审慎。

以上这些预想有可能是真的。在过去的一两年里，一些备受瞩目的数据侵害和有关私人数据泄露的丑闻确实导致一些人减少对社交媒体的使用。例如，在脸书被揭露允许咨询公司剑桥分析（Cambridge Analytica）① 访问超过 8000 万用户的数据后，成千上万的用户选择删除他们的脸书账号。② 然而，所有这些用户是否会永远地离开该平台，以及这种抗议是否会导致人们参与网络的方式发生更广泛的转变，都还有待观察。消费者的怀疑态度加上广泛的媒介素养，可能会减轻生活在一个数据积累速度比过去快得多的世界中的一些影响。但我依然很难相信我不断听到的"选择性未来"（alternative future）的假说。这种乐观的看法完全忽视了这样一个事实，即私人公司正越来越多地投资于我们的私人生活和我们所生产的数据。为了至少保留某种形式的遗忘，遗忘本身很可能都需要被捕捉，被货币化，并被用来生产数据。

付费删除

删除数据的其中一种方式便是"付费删除"，类似于一

---

① 剑桥分析公司（CA）是一家进行资料探勘及数据分析的私人公司。在 2018 年 3 月因不当取得数千万脸书用户数据之丑闻而闻名。丑闻曝光后，其客户和供应商大量流失，内外部调查和诉讼费用不断上涨，2018 年 5 月 2 日宣布"立即停止所有运营"，并在英国和美国申请破产。——译者注

② Olivia Solon, "Facebook Says Cambridge Analytica May Have Gained 37m More Users' Data," *Guardian*, Apr. 4, 2018.

些收债公司所使用的机制。在付费删除机制中，收债人同意从个人的信用报告中删除债务，以换取支付款项，通常是全额付款。尽管大多数信用局对这些操作都不屑一顾，但收债公司在收到付款后有权从报告中删除收款账户。付费删除也可以与原始债权人进行，但与收债公司不同的是，这些债权人没有什么动机来参与这种做法。大多数收债公司以折扣价购买债务（例如，如果你欠移动电话运营商325美元，一家收债公司可能只用225美元购买债务，并竭力通过全额收回债务来赚取差价）。一个收债公司花在催促你偿还债务上的资源越少，他们的投资回报率就越高，这就刺激了他们不断开展"付费删除"的生意。①

这样的机制也有可能被用于生活的其他领域，在这些领域中，人们可能会因为某些类型的信息仍然在流通而受到负面影响。例如，年轻人的数字历史可能会损害他们被大学录取或应聘工作的机会。保持较高的平均学分绩点（GPA），在入学考试中也取得了优异成绩，此外在课外活动方面也表现突出，这些曾经足以令申请人获得进入理想学校的机会，但在数字时代，高中生现在面临着另一个障碍——他们的数字历史。最近的两项研究发现，大约三分之一的大学招生人员在网上搜索过申请人的信息，多达三分之二的人查看过申请人的脸书页面。30%至40%的人声称从中发现了产生负

---

① 有关债务催收行业的详细描述，参见 Jake Halpern, "Paper Boys: Inside the Dark, Labyrinthine, and Extremely Lucrative World of Consumer Debt Collection," *New York Times Magazine*, Aug. 15, 2014.

## 遗忘的尽头：与社交媒体一同成长

面印象的材料。① 2017 年，哈佛大学的一起事件提醒大学申请者，他们的数字声誉可能会产生深远的影响。在这个备受关注的案例中，哈佛大学撤销了 10 名高中生的录取资格，因为他们在一个被哈佛录取的学生的私人脸书群组中发布了具有攻击性的梗图。②

许多青少年确实认识到，大学招生人员和未来的雇主都在关注他们的数字历史。作为某种回应，这些年轻人也正在"包装、编辑和策划着他们的网络身份画像"③。对于那些需要帮助的人，越来越多的大学招生顾问如今在他们的服务清

---

① 卡普兰考试培训公司（Kaplan Test Prep）发现，29% 的大学招生人员对申请者进行了在线搜索，31% 的人访问了申请者的脸书页面或其他社交网络页面，30% 的人发现了对申请者的录取机会有负面影响的东西。Kaplan Test Prep, "Kaplan Test Prep Survey: More College Admissions Officers Checking Applicants' Digital Trails, But Most Students Unconcerned," news release, Oct. 31, 2013, http://press.kaptest.com/press-releases/kaplan-test-prep-survey-more-college-admissions-officers-checking-applicants-digital-trails-but-most-students-unconcerned. 基石信誉公司（Cornerstone Reputation）报告称，36% 的招生人员在网上搜索申请者，其中 67% 在脸书上查找申请者，40% 发现了留下负面印象的内容。Cornerstone Reputation, "The 2016 Cornerstone Reputation Admissions Survey," press release, https://www.prnewswire.com/news-releases/cornerstone-survey-indicates-steadying-of-trend-in-college-admissions-officers-reviewing-students-online-300231674.html. 但基石声誉公司显然致力于宣传大学招生人员正在查看潜在申请人的数字足迹，因为它的业务是向大学申请者提供数字声誉管理服务。

② Hannah Natanson, "Harvard Rescinds Acceptances for At Least Ten Students for Obscene Memes," Harvard Crimson, June 5, 2017, http://www.thecrimson.com/article/2017/6/5/2021-offers-rescinded-memes/.

③ Katie Davis and Emily C. Weinstein, "Identity Development in a Digital Age: An Eriksonian Perspective," in *Identity, Sexuality, and Relationships among Emerging Adults in the Digital Age*, ed. Michelle F. Wright (Hershey, PA: IGI Global, 2017), 13.

单上增加了诸如"虚拟足迹管理"和"虚拟足迹检查与清理"这样的服务项目。但是,这些服务其实很少能够做到删除不需要的数字垃圾。相反,它们主要是帮助申请人创建一些高流量的网站——例如,精心策划的领英(LinkedIn)页面——以试图在网络搜索结果中取得靠前的位置。然而,在未来可能会出现一类新的中间人,帮助协商删除——类似于信用记录的付费删除选项——借此来净化年轻人的数字声誉。有能力购买这种服务的父母和他们的孩子将受益。对于那些买不起这种服务的人来说,这可能会在他们接受高等教育的道路上制造出另一个需要克服的障碍。

**通过数据交换删除**

社交媒体平台经常被誉为民主化的象征,最主要的理由即它们是免费的。当然了,只要我们忽视它们能让所有人参与无偿的数据生产活动,我们就会把它们视为"免费"。传播资本主义从曾经是无形的东西中获取价值,包括我们的怀旧(例如,通过家谱网站,如 Ancestry. com)和浪漫关系(例如,通过约会网站,如 OkCupid)。但如果真是这样的话,那为什么这种新型经济不能从我们遗忘和被遗忘的意愿中获取价值呢?

事实上在某些方面,已经出现了一些相关的尝试。任何注销过脸书账号或是其他社交媒体账号的人都知道,要完成这一过程,你首先得填写一份线上调查问卷。因此,注销过程本身也产生了重要的数据,可以用于改善你所舍弃的社交

## 遗忘的尽头：与社交媒体一同成长

媒体平台。但这是一次性的。注销或删除某些零碎数据的能力究竟能否成为一个持续的过程，并随着时间的推移持续产生价值？这绝不是一个不可想象的未来场景。

正如乔蒂·狄恩所指出的，我们的数据被剥夺的"持续性"，可以从各式平台不断要求我们更新个人信息的行为中略窥一二（例如，通过同意苹果公司隐私政策的变更或是不断建议修改密码等方式）。表面上看，这些要求都是为了我们自己的利益（号称为我们提供信息，或使我们的账号更加安全），但同时这也是数据生成的时刻。我们可以很容易地想象这样一个场景，在这里，某些类型的数字消失——例如，注销一个社交媒体账号或删除一个网站上的评论——可能只够维持一段时间，之后就必须重新提出相应请求。这样一个系统会涉及一些权衡。假如有一个高中生迫切希望从一个特定的社交媒体平台上永久删除一张照片，因为它可能会损害其被大学录取的概率，在这种情况下，学生当然可以要求删除，但作为交换，他们必须提供其他类型的个人数据——而理论上这个过程可能是无限期的。与付费删除的情况不同，在这种情况下，人们付钱给第三方来删除或至少管理自己的数字足迹（例如，通过创建高流量的网站，使能显示自己有问题的信息在任意搜索的结果中都排在更靠后的位置），数据主体将能够通过持续的数据交换达到删除数据的目的。例如，一个人可能同意与中间人永久分享关于自己的某些数据（例如来自手机的 GPS 数据），而中间人将同意向域名所有者或其他实体付费删除一些存在问题的信息，例如一张令人尴尬的照片或是提及自己的某个网络帖子。理论上，中间人可以向域名所有者提供几百或几千美元，让其删除有关图片或提及的内容，而数据主体将通过分享他们的个人 GPS 数据来回报中间人，这种分享当然不仅仅是一次，而是此后几年，甚至在他们的一生中都将如此。中间人可以把这些数据（以及其他成千上万类似客户的数据）卖给那些依靠收集、组合和挖掘数据来开发新产品或服务的公司，并从中获取收益。

数字节制

对持续性的数字足迹问题的最后一个潜在解决方案便是数字节制（digital abstinence）。[1] 理论上，一个人可以选择完全不使用社交媒体，因此也就不会产生数字档案。不幸的是，这个相当显而易见的解决方案也有着内在的缺陷。一方面，青少年在成长过程中所留下的数字足迹会对他们的大学和工作前景产生负面影响。另一方面，由于从大学招生顾问到未来的雇主都在关注——而且在许多情况下是都在主动搜寻——他们的数字足迹，这样一来，简单地选择退出数字世界显然并不是一个好办法。在这个世界上，每个人的线上存在都被高度重视，并经常被用作验证人们在其他场合下（譬如面试时）所言所行的一种方式，所以诉诸数字节制将

---

[1] 参见维克托·迈尔－舍恩伯格关于"数字节制"的讨论，in *Delete: The Virtue of Forgetting in a Digital Age* (Princeton: Princeton University Press, 2009), 128–132.

## 遗忘的尽头：与社交媒体一同成长

付出高昂的代价。缺乏数字足迹甚至有可能和一个呈现出不光彩画面的足迹一样具有破坏性。简而言之，完全的数字节制并不是一个可行的解决方案。

在二十多年对数字媒介平台影响的研究过程中，我逐渐认识到，每当一个新的平台被引入的时候，人们就不可避免地会担心它对年轻人的影响。我也意识到，新媒介的实际影响效果往往与人们的预测有惊人的不同。20世纪90年代中期，当互联网刚刚进入许多家庭时，亨利·詹金斯就提醒教育工作者、家长以及政策制定者："我们无法通过拒绝儿童接触挑战性信息和挑衅性图像来教他们如何进行批判性思考。"[①] 今天的情况也是如此。限制儿童接触新兴的媒介平台，对儿童和成人都不可能有好处。

我建议我们不要把数字遗忘当作儿童或青少年的问题，而是把它当作一个更广泛的社会问题，只不过它恰好以独特而深刻的方式影响着年轻人。年轻人将尤其受到遗忘消亡的影响，但不是因为他们是数字媒介的消费者，而正是由于他们是数字媒介的生产者。早期对电影和电视等新媒介的恐慌，往往都将注意力集中在儿童是这些媒介所传达的信息的被动接受者上。这种观念从来都无法完全站得住脚，放到今天也定然如此。应该说，在目前关于遗忘的讨论中，儿童和青少年均利害攸关，正是因为他们作为消费者和生产者在当

---

① Henry Jenkins, "Empowering Children in the Digital Age: Towards a Radical Media Pedagogy," *Radical Teacher* no. 50 (Spring 1997): 30–35.

第五章　追求数字消失

代数字经济中发挥着关键性的作用。但与成人媒介生产者不同，儿童至少在一个显而易见的方面仍然被边缘化：他们不能开通谷歌广告联盟（Google AdSense）账户，并从访问者的浏览和点击中赚钱。[①] 年轻人已经成为充分参与的媒介生产者，但在少数例外情况中，他们仍然不具备媒介生产手段。可以说，他们都是数据生产的组成部分，而这正是推动数字经济发展的动力。许多公司的价值，特别是像色拉布和照片墙等社交媒体平台公司，主要依靠的便是用户的免费数字劳动，而且其中许多是未成年人。但这些年轻人直接从数字经济中获益的能力，仅因他们的年龄就受到了严重限制。

---

① AdSense 只是在社交媒体网站上投放广告的众多途径之一。其盈利基于页面浏览量和点击量，网站所有者与谷歌分享利润。18 岁以下的人要开设 AdSense 账户，并开始直接从社交媒体网站上赚钱，不仅需要父母或成年监护人同意开户，他们自己也还得有一个社交媒体网站和一个 AdSense 账户。也就是说，没有成年人的同意，未成年人不能从社交媒体网站上赚钱。参见谷歌广告联盟资格指南：https：//support.google.com/adsense/answer/9724?hl=en.

# 结论：遗忘、自由与数据

139　　其实就在不久之前，我们还有可能远离我们童年和青少年时期最尴尬和痛苦的部分。即使是 20 世纪的个人媒介设备，从宝丽来相机到录像机，也几乎没有威胁到我们只能将经过我们挑选过的青春时光的一些记忆带在身上的能力。照片会褪色，素材格式会过时，而大多数形式的模拟媒介都可以被删除或销毁。现在，在进入数字媒介时代的 20 年里，把我们的童年和青少年时期抛在脑后，并让别人也忘记年轻时的我们的能力受到了严重威胁——但这并不是因为我们已经失去了有时也希望被别人遗忘的意愿。

　　技术和经济变革的结合使每个人在遗忘和被遗忘的能力上都面临着风险。对年轻人来说，也出现了一系列高风险的
140　权衡交换。儿童和青少年终于获得了以前无法获得的东西：能够从他们自己的角度再现自己的生活，并与家人和朋友，或与数百万的陌生人分享这些再现的作品。在任何其他历史时期，年轻人都没有拥有如此大的权利来自我表现和传播信息。但这种自由是有代价的，并且这些代价直到现在才开始

完全显现出来。

长久以来，儿童和青少年都无法广泛地接触到图像制作和大众传播技术，因为这些技术要么太贵而无法购买，要么太难使用。此外，即使儿童或青少年能买得起布朗尼相机或宝丽来相机，并且能够成为摄影专家，但冲洗、复制和分发的成本仍然很高。为了使儿童和青少年也能广泛接触和使用媒介技术及发行渠道，整个媒介生产的经济结构必须改变。这正是20世纪90年代末以来所发生的事情。

在此之前，技术公司主要通过开发和销售硬件（如照相机）以及提供服务（如胶片处理）来盈利，或者在计算机领域，技术公司便是通过销售硬件和软件产品来盈利。今天，更多的公司或部分或完全地凭借收集用户仅仅通过上网就能产生的数据来创造收益。[①] 虽然大多数儿童和青少年缺乏定期购买新手机或其他昂贵硬件设备的资源，但他们有两样东西是许多成年人所没有的，而这两样东西都是技术公司渴望加以开发利用的资源：时间，以及不断与同龄人联系的强烈愿望。

事实上，青少年会自然而然地在社会中寻找自己的角色，而这种寻找使他们与某个社会群体得以形成深刻的联

---

[①] 虽然一些公司正在使用数据来推动他们自己的人工智能和机器学习的研究和开发，但诸如安客诚（Acxiom）、CoreLogic、Datalogix、ID Analytics 等公司，则专门收集、分析并向其他公司出售关于消费者活动的数据。

### 遗忘的尽头：与社交媒体一同成长

系。[1] 有大量的证据表明，青少年对社会身份认同与肯定有着非常强烈的需求。在我们现在所生活的这个时代，这种对于连接和不断肯定的欲望可以被捕捉和商品化。这种欲望曾经促使青少年在电话上交谈数个小时或与朋友们在商场闲逛，现在则促使青少年在网上进行联系，并因而参与生产数据的活动。这意味着技术公司有充分的理由将一整套通信技术放到年轻人手中，并确保他们尽可能频繁地使用这些技术。记者南希·乔·萨尔斯（Nancy Jo Sales）[2] 指出："用户越活跃，社交媒体公司就可以收集到越多关于他们的数据，并且用户的价值也会越高，因为他们可以把数据卖给其他公司。"[3]

虽然儿童和青少年受益于他们新发现的技能来表达自己，但他们也已经并将继续付出代价，就为了他们所获得的表达自我和面向大众传播其自制文本与图像所需的媒介工具。这些代价既是社会性的，也是心理层面的，它们最终还可能会以其他形式出现。

首先，随着越来越多的年轻人的生活发生在虚拟空间（以及越来越多发生在个人身上的事件被同时记录并放到网

---

[1] Erik Erikson, *Childhood and Society*, 2nd ed. (New York: Norton, 1963), 262.

[2] 南希·乔·萨尔斯是《纽约时报》的畅销书作家，也是《名利场》《纽约客》和《时尚芭莎》等杂志的记者。2011年，她在《名利场》杂志上写了一篇名为《嫌疑人穿上了鲁布托鞋》的文章，该文章被拍成了电影《金戒指》。——译者注

[3] Nancy Jo Sales, *American Girls: Social Media and the Secret Lives of Teenagers* (New York: Vintage, 2016), 62.

上再度传播），人们承担正常青春期风险的能力面临着新的障碍。那些愚蠢或尴尬的时刻，尽管只是成长过程中的一部分，却带来了过去未曾遭遇的后果。社会心理层面的合法延缓期——那个曾经至少让一部分青少年暂时免于承担其行为后果的社会机制——如今已经被削弱了。

其次，年轻人所失去的不仅仅是一些探索和尝试新身份而不用承担后果的能力。随着他们的早年生活被越来越多地记录下来，他们也正在失去编辑和组织他们童年记忆的能力。弗洛伊德认为，童年的记忆并不是真正的记忆，而是"屏蔽记忆"，也即被我们后来的生活经历修改过的关于记忆的阐述。我们正在迈向一个新的时代，随着可搜索的数据不断累积，可以说我们的童年记忆将会越来越多地被"事实核查"，如此一来，这些屏蔽记忆能够幸存吗？这是我们为了获得更丰富的媒介技术，使我们能够制作和传播图像而需付出的又一个无形的代价吗？如果是这样，那么有些儿童和青少年将比其他人遭受更多的损失，特别是那些希望忘记过去的创伤或耻辱事件的人。

第三个权衡交换涉及流动性：坐上飞机、离开家乡，然后继续前行的能力。在过去，如果人们成长后离开了自己的社交网络，他们可以直接不再接那些人的电话，并切断与这个社交网络的联系。而到了21世纪初，将自己从社交网络中移除就不再是那么简单的事情了。在某种意义上，我们现在无论走到哪里都会带着我们的社交网络。此外，曾经隐匿在相册和装杂物的抽屉里的信息现在也被网络化和标签化

### 遗忘的尽头：与社交媒体一同成长

了。在过去，如果你销毁了一张照片，你就可能再也看不到它了，即使一个老朋友碰巧在他们的抽屉里保存着一张复制品。如今，其他人拥有的陈旧图片，例如高中纪念册内页的扫描件，不管我们是否欢迎来自过去的记忆，它往往都能够找到我们。总之，无论我们选择留下还是离开家乡，也无论我们选择与过去的熟人保持联系还是与他们切断往来，我们的过往可以更容易地渗入现在，空间和时间都不再是重要的障碍。

尽管这里所描述的权衡交换会影响到每个人，但儿童和青少年比成年人的损失更大。此外，在管理和争取被遗忘的权利以及相关的遗忘权方面，年轻人的能力也不如成年人。如果像本书第五章所推测的那样，随着相关社会系统的发展，要做到数字消失还得需要某种直接的金钱交换，那么经济上已经处于边缘的年轻人将更难获得这种能力。他们将要依靠父母的善意和判断力来资助这些删除需求。然而，父母也有可能在违背孩子意愿的情况下，花钱让孩子的网络身份的某些方面被删除。例如，父母可能付钱删除关于孩子性取向的帖子。如果数字消失采取一种不同的形式，要求我们必须提供更多的数据，以确保删除现有的和不需要的数据，年轻人也可能比成年人遭受更多的损失。他们可能会发现自己陷入了一个无尽的循环，不断经历着分享和生成数据的压力，以管理他们已经难以处理的数字足迹和阴影。一个人在选择这种方式的时候越年轻，在未来管理他们数据主体的时候就会越复杂和越不方便。

## 结论：遗忘、自由与数据

正如我们在本书中所看到的，遗忘并不是一种完全消极的现象；事实上，它有时是一种必需品。尽管遗忘的名声不好，但它也有一个功能：可以帮助一个人承担风险，探索新的身份，接受新的想法；它可以帮助一个人成长起来。遗忘可以作为一个战胜轻微羞耻感的实用拐杖，也可以作为治疗更严重创伤的灵丹妙药。在这个意义上，遗忘和被他人遗忘是自由的同义词。不被自己的记忆束缚在过去——或者更糟糕的是，被别人的记忆找上门来——就意味着拥有在现在和未来重新想象自己的自由。正是因为遗忘和自由是联系在一起的，所以遗忘的终结才带来如此重大的后果，尤其是对年轻人而言。

# 致　谢

本书的大部分内容是在纽约社会图书馆（New York Society Library）写完的。我要感谢图书馆的工作人员，使这个历史悠久的机构成为当下作家和读者的一个富有生产力的空间。本书还得益于我的朋友珍娜·弗里德曼（Jenna Freedman）作为图书馆员在文献查找方面所提供的无偿支持，以及安德烈·纳皮（Andrea Nappi）和尼夫·迪亚斯－卡尔（Neve Diaz-Carr）的研究协助。在哈佛大学出版社，安德鲁·金尼（Andrew Kinney）在几个关键点上对我的书稿提供了反馈意见，我特别感谢能够与他分享我在研究过程中的热情。我还要感谢路易丝·罗宾斯（Louise Robbins），感谢她在成书后期的意见反馈和编辑工作。我最感激的是我在生活和思想上的伴侣安吉拉·卡尔（Angela Carr），我感谢她阅读本书并提供编辑建议，感谢她的爱、倾听与逻辑。

# 参考文献

Adam P. Greenberg, "Reality's Kids: Are Children Who Participate on Reality Television Shows Covered under the Fair Labor Standards Act?" *Southern California Law Review* 82, no. 3 (2009): 595–648.

Allyson L. Dir, Ayca Coskunpinax, Jennifer L. Steiner, and Melissa A. Cyders, "Understanding Differences in Sexting Behaviors across Gender, Relationship Status, and Sexual Identity, and the Role of Expectancies in Sexting," *Cyberpsychology, Behavior, and Social Networking* 16, no. 8 (2013): 568–574.

Amy Harmon, "Compressed Data; Fame Is No Laughing Matter for the 'Star Wars Kid,'" *New York Times*, May 19, 2003.

Anat Brunstein Klomek, Frank Marrocco, Marjorie Kleinman, et al., "Peer Victimization, Depression, and Suicidality in Adolescents,"

---

① 译者注：原书尾注为分章注释，已作脚注处理。此参考文献由译者整理列出，与原书尾注的区别：1）音序排列、不分章节；2）只列期刊、书籍、报章等文献，不列网络文献；3）剔除重复引注，正文中出现多次的参考文献只列一次，且书籍不标具体页码；4）删除所有解释性文字。

## 遗忘的尽头：与社交媒体一同成长

*Suicide and Life-Threatening Behavior* 38, no. 2 (2008): 166–180.

Anita Gates, "Gary Coleman, 'Diff'rent Strokes' Star, Dies at 42," *New York Times*, May 28, 2010, A23.

Ariès, *Centuries of Childhood: A Social History of Family Life*, trans. Robert Baldick (New York: Vintage, 1962).

Aristotle, *The History of Animals*, book 13: 16.

Arnold van Gennep, *The Rites of Passage*, trans. Monika B. Vizedom and Gabrielle L. Caffee (New York: Routledge, 2004).

Associated Press, "Cyborgs at Work: Swedish Employees Getting Implanted with Microchips," *The Telegraph*, Apr. 4, 2017.

Associated Press, "Dana Plato, 34, Star of 'Diff'rent Strokes,'" *New York Times*, May 10, 1999.

Austin K. Hanks. "The School Bell," *Kodakery* 10, no. 12 (Oct. 1923), 5.

Bananas, *Instant: The Story of Polaroid* (New York: Princeton Architectural Press, 2012).

Barbie Zelizer, *Remembering to Forget: Holocaust Memory through the Camera's Eye* (Chicago: University of Chicago Press, 1998).

Barton L. Ingraham and Gerald W. Smith, "The Use of Electronics in the Observation and Control of Human Behavior and Its Possible Use in Rehabilitation and Parole," *Issues in Criminology* 7, no. 2 (1972): 35–53.

Benjamin C. Storm, "The Benefit of Forgetting in Thinking and Remembering," *Current Directions in Psychological Science*, 20, no. 5 (2011): 294–295.

# 参考文献

Benoit Denizet-Lewis, "Following Christian Leave: The Strange Life of a Teen Social Media Celebrity," *Rolling Stone*, Dec. 8, 2015.

Ben-Yehuda, *Masada Myth: Collective Memory and Mythmaking in Israel* (Madison: University of Wisconsin Press, 1995).

Bert-Jaap Koops, "Forgetting Footprints, Shunning Shadows: A Critical Analysis of the 'Right to Be Forgotten' in Big Data Practice," *SCRIPTed* 8, no. 3 (2011): 234, 254.

Beth Ann Guynn, "Postmortem Photography," in E*ncyclopedia of Nineteenth-Century Photography*, ed. John Hannavy (New York: Routledge, 2008).

Blake A. Richards and Paul W. Frankland, "The Persistence and Transciences of Memory," *Neuron* 94, no. 6 (2017): 1071–1084.

Burkhard Bilger, "Where Germans Make Peace with Their Dead," *New Yorker*, Sept, 12, 2017.

Caitlin Dewey, "The Snappening Is Not a Hoax," *Washington Post*, Oct. 4, 2014.

Carole Peterson, Valerie V. Grant, and Lesley D. Boland, "Childhood Amnesia in Children and Adolescents: Their Earliest Memories," *Memory* 13, no. 6 (2005): 622–637.

Cecile M. Jagodzinski, *Privacy and Print: Reading and Writing in Seventeenth Century England* (Charlottesville: University Press of Virginia, 1999).

Chia-chen Yang and B. Bradford Brown, "Motives for Using Facebook, Patterns of Facebook Activities, and Late Adolescents' Social Adjustment to College," *Journal of Youth and Adolescence* 42, no. 3

## 遗忘的尽头：与社交媒体一同成长

(2013): 403-416.

Clay Shirky, *Here Comes Everyone: The Power of Organizing without Organizations* (New York: Penguin, 2008).

Dan Collins, "Florida Family Takes Computer Chip Trip," CBS News, May 10, 2002.

danah boyd, *It's Complicated: The Social Lives of Networked Teens* (New Haven: Yale University Press, 2014).

Danielle Collobert, *It Then*, trans. Norma Cole (Oakland, CA: O Books, 1989).

Danielle Wiener-Browner, "Narcissistic Babies Can't Stop Taking Selfies,"*Atlantic*, Jan. 28, 2014.

Dario Teixeira, Wim Verhaegh, and Miguel Ferreira, "An Integrated Framework for Supporting Photo Retrieval Activities in Home Environments," *Ambient Intelligence, Proceedings of the First European Symposium, EUSAI* 2003, ed. E. Aarts et al. (Berlin: Springer, 2003).

David Buckingham, Rebekah Willett, and Maria Pini, *Home Truths? Video Production and Domestic Life* (Ann Arbor: University of Michigan Press, 2011).

David Harvey, "The 'New' Imperialism: Accumulation by Dispossession,"*Socialist Register* 40 (2004): 63-87.

David L. Smith, "The Mirror Image of the Present: Freud's Theory of Retrogressive Screen Memories," *Psychoanalytische Perspectieven* 39 (2000): 7.

Donna J. Bridge and Joel L. Voss, "Hippocampal Binding of Novel

## 参考文献

Information with Dominant Memory Traces Can Support Both Memory Stability and Change," *Journal of Neuroscience* 34, no. 6 (2014): 2203 - 2213.

Elizabeth Brayer, *George Eastman: A Biography* (Rochester, NY: University of Rochester Press, 2006).

Elizabeth Eisenstein, *The Printing Press as an Agent of Change: Communications and Cultural Transformations in Early Modern Europe* (Cambridge: Cambridge University Press, 1979).

Eric Zorn, "Reeling Off America at Its Weirdest," *Chicago Tribune*, Jan. 13, 1986, Al.

Erik H. Erikson, *Childhood and Society*, 2nd ed. (New York: Norton, 1963).

Erik H. Erikson, *Identity: Youth and Crisis* (New York: Norton, 1968).

Ethan Todras-Whitehill, "'Folksonomy' Carries Classifieds beyond SWF and 'For Sale'," *New York Times*, Oct. 5, 2005.

Fertik, "Your Future Employer Is Watching You Online. You Should Be, Too," *Harvard Business Review*, Apr. 3, 2012.

Franziska Roesner, Brian T. Gill, and Tadayoshi Kohno, "Sex, Lies, or Kittens? Investigating the Use of Snapchat's Self-Destructing Messages," in *Financial Cryptography and Data Security*, ed. Sarah Meiklejohn and Kazue Sako (New York: Springer, 2014).

Frederic C. Bartlett, *Remembering: A Study in Experimental and Social Psychology* (London: Cambridge University Press, 1932).

Frederick T. Hollowell, "'Love by Proxy': The First Amateur Motion

## 遗忘的尽头：与社交媒体一同成长

Picture Production," *Amateur Movie Makers* 1, no. 1 (Dec. 1926): 16.

Friedrich Nietzsche, *On the Genealogy of Morality*, trans. Carole Diethe (Cambridge: Cambridge University Press, 2006).

Gail S. Reed and Howard B. Levine, "Screen Memories: A Reintroduction," in *On Freud's "Screen Memories,"* ed. Reed and Levine, 29.

Gerald Stanley Lee, "Slow Movies for Quick People," *Amateur Movie Makers* 2, no. 2 (Feb. 1927): 99.

Hannah Natanson, "Harvard Rescinds Acceptances for At Least Ten Students for Obscene Memes," *Harvard Crimson*, June 5, 2017.

Harlene Hayne, Maryanne Garry, and Elizabeth F. Loftus, "On the Continuing Lack of Scientific Evidence for Repression," *Behavioral and Brain Science* 29, no. 5 (2006): 521–522.

Hazen Trayvor, "'Step-in' Pictures," *Kodakery* 10, no. 8 (June 1923), 5.

Helin Jung, "What It's Really Like to Be a Yelp Celebrity When You're Not Even 2 Years Old," *Cosmopolitan Cosmo Bites*, June 22, 2015.

Helmut Gernsheim and Alison Gernsheim, *The History of Photography: From the Camera Obscura to the Beginning of the Modern Era* (New York: McGraw-Hill, 1969).

Henry Jenkins, "Empowering Children in the Digital Age: Towards a Radical Media Pedagogy," *Radical Teacher* no. 50 (Spring 1997): 30–35.

Hiawatha Bray, *You Are Here: From the Compass to GPS, the History* and Future of How We Find Ourselves (New York: Basic Books, 2014).

Hirsch, "The Generation of Postmemory," Poetics Today 29, no. 1 (2008):103-128.

Ian Austen, "2 Survivors of Canada's First Quintuplet Clan Reluctantly Re-emerge," Globe and Mail, Apr. 3, 2017, A1.

J. O. Hill and J. C. Peter, "Environmental Contributions to the Obesity Epidemic," Science 280 (1998): 1371-1374.

Jake Halpern, "Paper Boys: Inside the Dark, Labyrinthine, and Extremely Lucrative World of Consumer Debt Collection," New York Times Magazine, Aug. 15, 2014.

Jasmine Garsd, "Internet Memes and 'The Right to Be Forgotten,'" All Tech Considered, NPR, Max. 3, 2015.

Jeffrey K. Olick, The Sins of the Fathers: Germany, Memory, Method (Chicago: University of Chicago Press, 2016).

Jenifer Neils and John H. Oakley, Coming of Age in Ancient Greece: Images of Childhood from the Classical Past (Hanover, NH: Hood Museum of Art, 2003).

Jessica Kulynych, "No Playing in the Public Sphere: Democratic Theory and the Exclusion of Children," Social Theory and Practice 27, no. 2 (2001): 231-264.

Jodi Dean, "Big Data: Accumulations and Enclosure," Theory & Event 19, no. 3 (2016).

Jodi Dean, Democracy and Other Neoliberal Fantasies: Communicative Capitalism and Left Politics (Durham, NC: Duke University Press,

## 遗忘的尽头：与社交媒体一同成长

2009).

Jodi Kantor and Catrin Einhorn, "What Does It Mean to Help One Family?" *New York Times*, Sept. 8, 2016.

John Schwartz, "Caution: Children at Play on the Information Highway," *Washington Post*, Nov. 28, 1993, AOL

Jorge Luis Borges, "Funes the Memorious," in *Labyrinths: Selected Stories and Other Writings* (New York: New Directions, 1964), 63 – 64.

Josh Constine and Kim Mai Cutler, "Facebook Buys Instagram for $1 Billion, Turns Budding Rival into Its Standalone Photo App," *TechCrunch*, Apr. 9, 2012.

Joshua Meyrowitz, *No Sense of Place: The Impact of Electronic Media on Social Behavior* (New York: Oxford University Press, 1985).

Julia Creet, "The Archive as Temporary Abode," in *Memory and Migration: Multidisciplinary Approaches to Memory Studies*, ed. Julia Creet and Andreas Kitzmann (Toronto: University of Toronto Press, 2011), 280 – 298.

Julia Scheeres, "They Want Their Own ID Chips Now," *Wired*, Feb. 6, 2002.

Kate Eichhorn, *Adjusted Margin: Art, Activism, and Xerography in the Late Twentieth Century* (Cambridge, MA: MIT Press, 2016).

Katherine Rosman, "Why Isn't Your Toddler Paying the Mortgage?" *New York Times*, Sept. 27, 2017.

Katie Davis and Emily C. Weinstein, "Identity Development in a Digital Age: An Eriksonian Perspective," in *Identity, Sexuality, and*

*Relationships among Emerging Adults in the Digital Age*, ed. Michelle F. Wright (Hershey, PA: IGI Global, 2017).

Kaveri Subrahmanyam, Robert E. Kraut, Patricia M. Greenfield, and Elisheva F. Gross, "The Impact of Home Computer Use on Children's Activities and Development," *Children and Computer Technology* 10, no. 2 (2000): 123 – 144.

Kevin J. O'Brien, "Germany Investigating Facebook Tagging Feature," *New York Times*, Aug. 4, 2011, B4.

Lawrence Patihis, Scott O. Lilienfeld, Lavina Y. Ho, and Elizabeth F. Loftus, "Unconscious Repressed Memory Is Scientifically Questionable," *Psychological Science*, 25, no. 10 (2014): 1967 – 1968.

Lev Grossman, "Meet the Chipsons," *Time*, Mar. 11, 2002, 56 – 57.

Libby Bischof, "A Region Apart," in *Amateur Movie Making: Aesthetics of the Everyday in New England Film*, 1915 – 1960, ed. Martha J. McNamara and Karan Sheldon (Bloomington: University of Indiana Press, 2017).

Lucy Lafarge, "The Screen Memory and the Act of Remembering," in *On Freud's "Screen Memories*," ed. Reed and Levine, 36 – 57.

Maggie Astor, "Microchip Implants for Employees? One Company Says Yes," *New York Times*, July 27, 2017.

Maggie Schauer, Frank Neuner, and Thomas Elbert, *Narrative Exposure Therapy: A Short-Term Treatment for Traumatic Stress Disorders*, 2nd ed. (Cambridge, MA: Hogrefe Publishing, 2011).

Mark R. Fuller and Todd K. Fuller, "Radio Telemetry Equipment and

## 遗忘的尽头：与社交媒体一同成长

Applications for Carnivores," in *Carnivore Ecology and Conservation: A Handbook of Techniques*, ed. Luigi Boitani and Roger A. Powell (Oxford: Oxford University Press, 2012).

Mary H. K. Choi, "Like. Flirt. Ghost.: A Journey into the Social Media Lives of Teens," *Wired*, August 25, 2016.

Matthew Brunwasser, "A 21st-Century Migrant's Essentials: Food, Shelter, Smartphone," *New York Times*, Aug. 25, 2015, A1.

Matthew Hugh Erdelyi, "The Unified Theory of Repression," *Behavioral and Brain Science* 29, no. 5 (2006): 499–511.

Michael C. Anderson and Simon Hanslmayr, "Neural Mechanisms of Motivated Forgetting," *Trends in Cognitive Psychology* 18, no. 6 (2014): 279–292.

Michel Foucault, *Discipline and Punish*, trans. Alan Sheridan (New York: Vintage, 1977).

Monique Mattei Ferraro and Eoghan Casey, *Investigating Child Exploitation and Pornography: The Internet, the Law and Forensic Science* (New York: Elsevier, 2005).

Moynihan, "Google Just Made It Way Easier to Scan Your Own Photos," *Wired*, Nov. 15, 2016.

Nancy Jo Sales, *American Girls: Social Media and the Secret Lives of Teenagers* (New York: Vintage, 2016).

Natasha Singer, "New Item on College Admission Checklist: LinkedIn Profile," *New York Times*, Nov. 5, 2016, BU6.

Neil Postman, *The Disappearance of Childhood* (New York: Delacorte Press, 1982).

Nick Strayer, "The Great Out-of-State Migration: Where Students Go," *New York Times*, Aug. 26, 2016.

No Author, "Star Wars Kid Files Lawsuit," *Wired*, July 24, 2003.

No Author, "Ten Years Later, 'Star Wars Kid' Speaks Out," *MacLean's*, May 9, 2013.

Olivia Solon, "Facebook Says Cambridge Analytica May Have Gained 37m More Users' Data," *Guardian*, Apr. 4, 2018.

Paasonen, *Carnal Resonance: Affect and Online Pornography* (Cambridge, MA: MIT Press, 2011).

Parent Zone, "Today's Children Will Feature in Almost 1,000 Online Photos by the Time They Reach Age Five," *Nominet*, May 26, 2015.

Patricia G. Lange and MizukoIto, "Creative Production," in *Hanging Out, Messing Around, and Geeking Out*, ed. Mizuko Ito, Sonja Baumer, Matteo Bittanti, et al. (Cambridge, MA: MIT Press, 2010), 291.

Patricia R. Zimmermann, "Introduction," in *Mining the Home Movies: Excavations in Histories and Memories*, ed. Karen L. Ishizuka and Patricia R. Zimmermann (Berkeley: University of California Press, 2008), 22.

Patricia R. Zimmermann, *Reel Families: A Social History of Amateur Film* (Bloomington: Indiana University Press, 1995).

Paul Ricoeur, *Memory, History, Forgetting*, trans. Kathleen Blarney and David Pellauer (Chicago: University of Chicago Press, 2004).

Peter Berthold, *Bird Migration: A General Survey*, 2nd ed. (Oxford: Oxford University Press, 2001).

## 遗忘的尽头：与社交媒体一同成长

Peter Buse, *The Camera Does the Rest: How Polaroid Changed Photography* (Chicago: University of Chicago Press, 2016).

Philippe Ariès, *Centuries of Childhood: A Social History of Family Life*, trans. Robert Baldick (New York: Vintage, 1962).

Phyllis Greenacre, *Trauma, Growth and Personality* (1952; repr., New York: International Universities Press, 1969).

Pogue, "Cellphones That Track Kids," *New York Times*, Dec. 21, 2006, Cl.

R. Kraut, M. Patterson, V. Lundmark, et al., "Internet Paradox: A Social Technology That Reduces Social Involvement and Psychological Well-being?" *American Psychologist* 53 (1998): 1017 - 1031.

Radstone, "Memory Studies: For and Against," *Memory Studies* 1, no. 1 (2008): 31 - 39.

Rheingold, *The Virtual Community: Homesteading on the Electronic Frontier* (Reading, MA: Addison-Wesley, 1993).

Robin M. Kowalski, Gary W. Giumetti, Amber N. Schroeder, and Micah R. Lattanner, "Bullying in the Digital Age: A Critical Review and Meta-Analysis of Cyberbullying Research among Youth," *Psychological Bulletin* 140, no. 4 (2014): 1073 - 1137.

Robinson Mayer, "Anti-Surveillance Camouflage for Your Face," *Atlantic*, July 24, 2014.

Rose Eveleth, "How Many Photographs of You Are out There in the World?" *Atlantic*, Nov. 2, 2015.

Sam Howe Verhovek, "Ethical Issues Arise in Boom in Pet Microchips," *New York Times*, June 12, 1999.

Sameer Hinduja and Justin W. Patchin, "Bullying, Cyberbullying, and Suicide," *Archives of Suicide Research* 14, no. 3 (2010): 206 – 221.

Sarah J. Schoppe-Sullivan, Jill E. Yavorsky, Mitchell K. Bartholomew, et al., "Doing Gender Online: New Mothers' Psychological Characteristics, Facebook Use, and Depressive Symptoms," *Sex Roles* 76, no. 5 – 6 (2017): 276.

Sherry Turkle, *Life on the Screen: Identity in the Age of the Internet* (New York: Simon and Schuster, 1995).

Shoshana Felman and Dori Laub, *Testimony: Crises of Witnessing in Literature, Psychoanalysis, and History* (New York: Routledge, 1992).

Sigmund Freud, "Childhood and Concealing Memories," in *Psychopathology of Everyday Life*, trans. A. A. Brill (New York: Macmillan, 1915), 63.

Sigmund Freud, "Remembering, Repeating and Working-Through," in *The Standard Edition of the Complete Psychological Works of Sigmund Freud*, vol. 12, ed. J. Strachey (London: Hogarth Press, 1994), 151.

Sigmund Freud, "Screen Memories," in *The Standard Edition of the Complete Psychological Works of Sigmund Freud*, vol. 6, ed. J. Strachey (London: Hogarth Press, 1960).

Sigmund Freud, "Screen Memories" (1899), facsimile edition, reprinted in *On Freud's "Screen Memories,"* ed. Gail S. Reed and Howard B. Levine (London: Karnac, 2015), 24.

## 遗忘的尽头：与社交媒体一同成长

Silvan Tomkins, *Shame and Its Sisters: A Silvan Tomkins Reader*, ed. Eve Kosofsky Sedgwick and Adam Frank (Durham, NC: Duke University Press, 1995).

Simon Boag, "Can Repression Become a Conscious Process?" *Behavioral and Brain Science* 29, no. 5 (2006): 513–514.

Simon Nørby, "Why Forget? On the Adaptive Value of Memory Loss," *Perspectives on Psychological Science* 10, no. 5 (2015): 551–578.

Smith and Sliwinski, "Introduction," in *Photography and the Optical Unconscious*, ed. Shawn Michelle Smith and Sharon Sliwinski (Durham, NC: Duke University Press, 2017), 1.

Somini Sengupta and Kevin J. O'Brien, "Facebook Can ID Faces, but Using Them Grows Tricky," *New York Times*, Sept. 22, 2012, A1.

Somini Sengupta, "Facebook Acquires Israeli Facial Recognition Company," *New York Times*, June 18, 2012.

Sonia Livingstone, John Carr, and Jasmina Byrne, "One in Three: Internet Governance and Children's Rights," *Innocenti Discussion Paper* no. 2016–01, UNICEF Office of Research, Florence, 7.

Stephen Hayman, "Photos, Photos Everywhere," *New York Times*, July 29, 2015.

Steven A. Booth, "Electronics," *Popular Mechanics* (May 1987): 60.

Steven Heyman, "Photos, Photos Everywhere," *New York Times*, July 29, 2015.

Stone, "The Massacre of the Innocents," *New York Review of Books*, Nov. 14, 1974.

Susan Stewart, *On Longing: Narratives on the Miniature, the Gigantic, the Souvenir, the Collection* (Durham, NC: Duke University Press, 1993).

Taylor Lorenz, "Raising a Social-Media Star," *Atlantic*, Jan. 17, 2018.

Teresa Michals, *Books for Children, Books for Adults: Age and the Novel from Defoe to James* (Cambridge: Cambridge University Press, 2014).

Todd Bridges with Sarah Tomlinson, K*illing Willis: From Diff'rent Strokes to the Mean Streets to the Life I Always Wanted* (New York: Simon and Schuster, 2011).

Todd Gustavson, *Camera: The History of Photography from Daguerreotype to Digital* (New York: Sterling Innovation, 2009).

Victor Luckerson, "Here's Proof That Instagram Was One of the Smartest Acquisitions Ever," *Time*, Apr. 19, 2016.

Viktor Mayer-Schönberger, *Delete: The Virtue of Forgetting in a Digital Era*, paperback ed. (Princeton: Princeton University Press, 2011).

Virginia Heffernan, "Revealing the Wages of Young Sitcom Fame," *New York Times*, Sept. 4, 2006.

Wade Roush, "Tagging Is It," *MIT Technology Review*, June 1, 2005.

Zoe Beloff in conversation with Niels Van Tomme, "Dreamland: The Intimate Politicsof Desire," *Art Papers* (July/Aug. 2010): 31.

## 索 引

（索引页码均为英文原著页码，即本书边码）

- A -

*Actualite*, *L'*（magazine）《新闻》（杂志），82

Adolescents 青少年：面向该市场的相机，38 - 41；与欺凌，80 - 87；对社会身份认同与肯定的需求，140 - 141；尝试不同身份的需求，59 - 64，66，141 - 142，65n；与社会心理层面的合法延缓期，61 - 68，120 - 125，141 - 142；作为公众人物，121 - 122，168n6；"不良"行为中的种族及其区别对待问题，65n；与自我认知，19 - 20；与自我呈现，40，50，84 - 85，123，139 - 140；与色拉布的"无限"的定时器设置，67 - 68；作为无偿的数据提供者，136 - 137；青少年时期的行为与其成年之后的被遗忘权，57 - 59，95 - 97，99 - 104，114 - 116，142；另参见 Celebrity, of children and adolescents

AdSense, children and 儿童与谷歌广告联盟，136 - 137，137n

## 索 引

Akridge, Christian (Christian Leave) 克里斯蒂安·阿克里奇（克里斯蒂安·勒夫）,78-79,84,122

Alcohol consumption, adolescents and 青少年与酒精消费,83,83n

Amateur Cinema League 业余电影联盟,43

*Amateur Movie Maker* (magazine)《业余电影制作者》（杂志）,43,44

American Civil Liberties Union 美国公民自由联盟,6

Amnesia, childhood 童年健忘症,21n

Amstrad VMC100 索尼家用摄像机型号,45

Anderson, Michael 迈克尔·安德森,55

Apple 苹果,10,34,107,135

Archives 记录：模拟媒介,13,41,41n；数字媒介,17-19,23,65,68,86-87,109n

Ariès, Philippe 菲力普·阿里耶斯,8n,27n

Atari 雅达利公司,34

Augmented reality 增强现实,97,116n

Automated photo tagging 自动照片标记,96-97,104,111-112,115；试图破坏,113n

- B -

Babies, toddlers, and internet memes 婴儿、幼儿以及互联网迷因,72-78

213

## 遗忘的尽头：与社交媒体一同成长

Baker's Cart, The (Michelin)《面包师的车》(让·米其林), 27-28

Bartlett, Frederic 弗雷德里克·巴特利特, 54-55

Beloff, Zoe 佐伊·贝洛夫, 44

Benning, Sadie 萨迪·本宁, 46-47

Ben-Yehuda, Nachman 纳克曼·本-耶胡达, 53n

Bird migration, tagging and 鸟类迁徙与标记, 104-105

Bonanos, Christopher 克里斯托弗·巴纳诺斯, 39n

Booth, Austin 奥斯丁·布思, 60n

Borges, Jorge Luis 博尔赫斯, 18-19

Boy Building a House of Card series (Chardin)《搭建纸牌屋的男孩》组画（夏尔丹）, 28

boyd, danah 丹娜·博伊德, 66, 67, 82, 123

Bridge, Donna 唐娜·布里奇, 21

Bridges, Todd 托德·布里奇斯, 70

Brokers, data exchange and 中间人与数据交换, 134, 135-136

Brown, Rita Mae 丽塔·梅·布朗, 46

Brownie cameras 布朗尼相机, 33-36；布朗尼星闪相机, 34n

Bullying 欺凌, 81, 86, 102, 80n；另参见 Cyberbullying

Buse, Peter 彼得·布塞, 38, 40

## – C –

California 加利福尼亚：儿童保护法，65，71；与数据删除法规，52，65

Cambridge Analytica 剑桥分析咨询公司，132

Camcorders. 便携式摄像机，参见 Home movies and videos

Cameras. 照相机，参见 Home movies and videos；Photographs, analogue；Photographs, digital

Canada 加拿大：《刑法》，83-84；集体遗忘，53n

Capitalism, "communicative," 传播资本主义 126-131，134

Carracci, Annibale 阿尼巴尔·卡拉齐，27

"Caution: Children at Play on the Information Highway" article 《当心：在信息高速公路上玩耍的儿童》文章，5

Celebrity, of children and adolescents 儿童与青少年名人：青少年与社交媒体，78-80；婴儿、幼儿与互联网迷因，72-78；关于在青少年时期就过度曝光的警示故事，69-72；与网络欺凌的兴起，80-84；与弗洛伊德的屏蔽记忆，87-92；与缺乏法律保护，71-72，71n，123n；名气变现，75-77；个人屏蔽记忆的不确定未来，92-93

Censorship 审查：与模拟照片，36-37，48，37n；与互联网对儿童影响的早期担忧，5-6；宝丽来照片与绕过审查，39-40，39n

Centers for Disease Control and Prevention（CDC）疾病控制和

**遗忘的尽头：与社交媒体一同成长**

预防中心，83n

*Centuries of Childhood*（Ariès）《童年的世纪》（阿里耶斯），27n

Chardin, Jean Siméon 让·西梅翁·夏尔丹，28

Chau, Mike 迈克·周，76－77

Chesky, Brian 布莱恩·切斯基，7

*Chicago Tribune*《芝加哥论坛报》，37

Childhood 童年：健忘症，21n；概念，27n；与成年界限的消逝，8－11；其纯真的迷思，6－8；早期缺乏持续的记录，1－2，12－16；社交媒体与将过去抛下的能力丧失，57－59，95－97，99－104，114－116，142. 另参见 Childhood, documentation of; Children

Childhood, documentation of 童年记录：使用模拟照片，25，30－41，32n；使用数字媒介，26，48－50；使用家庭电影与录像，26，41－47，49，50；使用肖像画，25，26－28，30，27n；在印刷文化中，28－30

*Childhood and Society*（Erikson）《童年与社会》（埃里克森），61－62

Children 儿童：婴儿、幼儿以及互联网迷因，72－78；面向该市场的相机，33－37，34n，37n；印刷文化的影响，8，8n；与微芯片，106－107，107n；与色情文学，83；作为公众人物，121－122，123n；自我呈现，32－37，84－85，123，139－140；与电视，6，9，10－11，137，

123n。另参见 Celebrity, of children and adolescents; Childhood; Childhood, documentation of

Choi, Mary 玛丽·崔, 130

Clinton, Bill 比尔·克林顿, 6

Coleman, Gary 加里·科尔曼, 70

Collective forgetting 集体遗忘, 53, 53n

Colleges 大学：试验行为与身份认同发展, 62 – 63；个人在社交媒体上的呈现对入学资格的影响, 133 – 134, 135, 136, 133n；与非自愿性行为, 87, 87n；作为一个可以抛下过去的地方, 95 – 96；学生的社交媒体使用, 101 – 102

Collobert, Danielle 丹妮尔·科洛伯特, 117 – 118

"Combined situations" of electronic media 电子媒介的"融合场景", 98

Communications Decency Act (U.S.) 《通信规范法》（美国）, 6

Communicative capitalism 传播资本主义, 126 – 131, 134

Computers, children and 儿童与电脑, 9 – 11

"Consensual porn," "自愿色情片" 83n

Coogan Law 库根法, 71, 71n

Cornerstone Reputation 基石信誉公司, 133n

Cox, Palmer 帕尔默·考克斯, 33

Crowd – based facial recognition 基于大量人群的面部识别技

术，112 – 113

Cyberbullying 欺凌，80 – 87，92 – 93，80n，121n；与自杀，82，83，124，82n，83n

Cyberspace 赛博空间，3，5，64

– D –

Data, generation of and changes in economic structure of media 数据的生产与媒体经济结构的变革，140 – 141，140n

Data dispossession 数据剥夺，125 – 127，135

Data erasure 数据删除：益处，117 – 119；与技术和经济层面的诉求相冲突，119 – 120，125 – 131，134 – 136，125n；相关法案，51 – 53，58，65，120 – 122，121n；法律挑战，120 – 125，120n，121n，123n

Data exchange, deletion of social media presence by 通过数据交换以删除社交媒体痕迹，134 – 136

Datalogix 某数据公司，140n

Data subject 数据主体：界定，57；遗忘与被遗忘，50，51 – 52，55 – 58，103，135 – 136，143

Dean, Jodi 乔蒂·狄恩，126，127，128，135

*Delete: The Virtue of Forgetting in the Digital Age* (Mayer – Schönberger)《删除：大数据取舍之道》（维克托·迈尔 – 舍恩伯格），65 – 66

del. icio. us 美味书签网站，108

## 索 引

de Man, Paul 保罗·德曼, 15-16

*Diff'rent Strokes* (television program), fate of child actors in《小顽童》(电视剧) 中儿童演员的命运, 69-70

Digital abstinence 数字节制, 136-137

Digital footprint 数据足迹：持续时间, 13, 54-65, 119, 133n。另参见 Data erasure

Digital forgetting 数字遗忘, 23, 137, 23n

Digital shadows 数字阴影, 56, 119, 143

Dionne quintuplets 迪翁五胞胎, 72

*Disappearance of Childhood, The* (Postman)《童年的消逝》(波兹曼), 7-11, 97-98

Domestic animals, tagging of 标记家养动物, 105-106

*Dream Film series* (Beloff) "梦境电影" 系列（贝洛夫）, 44

### -E-

Eastman, George 乔治·伊士曼, 33, 34, 34n

Eastman Kodak Company 伊士曼柯达公司. 另参见 Kodak cameras

Eisenstein, Elizabeth 伊丽莎白·爱森斯坦, 8n

Electronic media 电子媒介：与物理边界的崩溃, 97-100；与"融合场景", 98

data generation and changes in economic structure of media 数据的生产与媒体经济结构的变革, 140-141, 140n

219

### 遗忘的尽头：与社交媒体一同成长

Employment offers, social media history and 社交媒体的历史与就业机会, 64-65, 133-134, 136, 65n

Ensign Mickey Mouse camera 少尉米奇相机, 37n

Erdelyi, Matthew 马修·埃德利, 20n

Erikson, Erik 爱利克·埃里克森, 61-62, 120, 124。另参见 Psychosocial moratorium

European Commission (EC) 欧盟委员会, 23, 51, 23n

European Union's General Data Protection Regulation 欧盟的《通用数据保护条例》, 51-52, 121, 52n

*Everhard Jabach (1618-1695) and His Family* (Le Brun)《埃弗哈德·贾巴赫（1618—1695）和他的家人》（夏尔·勒布伦），27

Expiration dates, proposed for internet data 针对互联网数据的失效日期, 65-66; 色拉布与失效日期, 67-68, 67n

- F -

Facebook 脸书, 16, 63, 66：与增强现实, 116n；与自动人脸识别, 111-112；发布的婴儿照片, 73, 74, 78；与剑桥分析咨询公司, 132；与数据生产, 127, 128-130；账号注销, 129-130, 134-135；个人层面失去将过去抛下的能力, 103-104；与照片墙, 116n, 125n；资料被大学招生办公室使用, 133n；与 Vine 视频托管网站, 76n

索 引

Face.com 一家以色列公司, 112

Facial recognition technology 人脸识别技术, 96, 111 – 116, 114n, 125n；规避人脸识别技术的尝试, 113n

Felman, Shoshana 肖莎娜·费尔曼, 15

Fertik, Michael 迈克·弗迪克, 65n

Find My Friends（Apple app）"查找我的朋友"（苹果手机的应用程序）, 107

Fisher – Price PXL – 2000 费雪公司发布的型号为 PXL – 2000 的玩具摄像机, 46

Fitzpatrick, Alli 艾莉·菲茨帕特里克, 80

Fitzpatrick, Margaret 玛格丽特·菲茨帕特里克, 80

Flanagan, Mary 玛丽·弗拉纳根, 60n

Flickr, photo tagging and 照片分享网站雅虎网络相册及其照片标签, 108, 109, 110 – 111

"Folksonomies,""分众分类法", 109 – 110

Forgetting and being forgotten 遗忘与被遗忘：被他人遗忘的能力, 22 – 23；做区分, 128；试验行为与身份认同发展, 59 – 64, 141 – 142, 65n；自由与遗忘的功能, 143；与社会心理合法延缓期, 61 – 68, 120 – 135, 141 – 142；修复性面向, 53 – 56, 57 – 59, 121, 143, 23n；价值和功能, 14 – 21。另参见 Data erasure

Fotomat 照相摊, 37, 48

Foucault, Michel 米歇尔·福柯, 29

221

**遗忘的尽头：与社交媒体一同成长**

Freud, Sigmund 西格蒙德·弗洛伊德：压抑概念, 20n；论记忆的不准确性, 20, 21；指出记忆不同于重复, 18；遗忘的修复性面向, 54；提出的屏蔽记忆, 21, 35-36, 87-92, 142；以摄影过程作为潜意识心理的隐喻, 87-88, 88n

"Funes the Memorious"（Borges）《博闻强记的福尼斯》（博尔赫斯）, 18-19

- G -

Gaming worlds, Turkle's research and 游戏世界与特克尔的研究, 60-61

Gavin（child internet meme）加文（儿童的互联网迷因）, 75-76, 77, 79, 84, 92

Gay sexuality, ability to break with past and 同性恋及与过去切割的能力, 102, 118-119

Gender issues 性别议题：早期互联网与尝试不同身份认同的自由, 59-60；与办公室劳动, 116n。另参见 Sexual orientation, and breaking with the past

"Generation of Postmemory, The"（Hirsh）《后记忆的一代》（赫希）, 12n

GeoCities "地理城市" 网络托管网站, 59-60

Global positioning system 全球定位系统. 另参见 GPS-based technology

Goffman, Erving 欧文·戈夫曼, 97, 98

Google 谷歌, 65, 122: 广告联盟与儿童, 137, 137n; 与数据, 116; 与人脸识别, 112, 114n; 相册, 2n, 114n

GPS-based technology 基于GPS的技术: 与数字交换, 135-136; 标记与追踪, 105, 107-108, 107n

Greenacre, Phyllis 菲利斯·格里纳克, 91

Grossman, Lev 列夫·格罗斯曼, 106

Gustavson, Todd 托德·古斯塔夫森, 33

－H－

Hanslmayr, Simon 西蒙·汉斯迈尔, 55

*Harvard Business Review*《哈佛商业评论》, 65n

Harvard University, rescinding of admissions offer 哈佛大学取消学生的录取资格, 133

Hill, Jesse Mab-Phea 杰西·马布-菲亚·希尔, 74-75, 77, 78

Hirsch, Marianne 玛丽安·赫希, 12n, 13n

Holocaust survivors 大屠杀幸存者: 缺乏童年的记录, 12-13, 12n, 13n; 记忆的选择性空白, 13-16, 13n

Home movies and videos 家庭电影与录像: 业余电影制作者的色情作品, 43, 46n; 档案, 41n; 与便携式摄像机, 45-47; 成本, 43, 45, 43n; 创造性用途, 42-45; 与童年的记录, 26-41-47, 49, 50; 费雪公司发布

223

的 PXL-2000 玩具摄像机，46；作为有限的分享平台，47，74，85；作为记忆的替代品，41-42，44

# -I-

ID Analytics 一家数据公司的名称，140n

Identities, adolescents' need to try out various 青少年尝试不同身份认同的需求，59-64，66，141-142，65n

*Identity: Youth in Crisis* (Erikson)《身份认同：危机中的青年》（埃里克森），62

Image-based abuse 基于图像的虐待，82-83

InfoTrends 一家美国市场研究公司的名称，111

Instagram 照片墙，66，87，118：数据生产与价值，125，126-127，130，137，125n；被脸书收购，116n，125n；图像标记，115

Internet 互联网：儿童与青少年作为使用群体，50n；对儿童产生影响的早期担忧，4-6；最初对使用者拥有自由尝试不同身份认同的承诺，59-63；迷因，72-78，79，84，92

# -J-

Jacobs family, microchips and 雅各布斯一家人与微芯片，107-108

Jenkins, Henry 亨利·詹金斯，6-7，136-137

*JFK*（film）《肯尼迪》（电影），42n

Jobs, Steve 史蒂夫·乔布斯，34

"Junior Scenarios for Home Movies"（Kodak booklet）《家庭电影的初级脚本》（柯达公司的手册书），42–43

- K -

Kaplan TestPrep 卡普兰考试培训公司，133n

Kevin（student），tagging and inability to break with past 凯文（学生）的标签以及他失去了与过去切断关系的能力，103，114，115

Kidron, Baroness Beeban 比班·基德龙男爵夫人，121n

Killing Willis（Bridges）《杀死威利斯》（布里奇斯），70

Kitsch objects, as souvenirs 作为纪念品的"媚俗的物品"，68

Kodak cameras 柯达相机，32–33，39；柯达布朗尼相机，33–36，34n；柯达电影机，42–43，42n

*Kodakery magazine*《柯达天地》杂志，32，35，32n

Kookie Kamera 柯达甜点相机，37n

Koops, Bert-Jaap 伯特-贾普·库普斯，58

- L -

Land, Edwin 埃德温·兰德，38

Laub, Dori 多里·劳布，15

Leave, Christian（Christian Akridge）克里斯蒂安·阿克里奇

**遗忘的尽头：与社交媒体一同成长**

（克里斯蒂安·勒夫），78–79，84，122

Le Brun, Charles 夏尔·勒布伦，27

Lesbian sexuality 女同性恋，46–47，102

*Life on the Screen*（Turkle）《屏幕上的生活》（特克尔），60–63，61n

Literacy 素养：电脑，9；媒介与数据，132；印刷品的识读能力，8，28

*Love by Proxy*（amateur film）《代理之爱》（业余电影作品），43

– **M** –

Mastodon, Nick 尼克·马斯托顿，75–76，77

Matthew（child internet meme）马修（儿童互联网迷因），76–77，84

Maturation, as "moving on," 作为一种"向前看"的成熟仪式，22

Mayer-Schönberger, Viktor 维克托·迈尔-舍恩伯格，65–66

McLuhan, Marshall 马歇尔·麦克卢汉，97

*Me & Rubyfruit*（film）《我与红果实》（电影），46–47

Memes, on internet 互联网上的迷因，72–78，79，84，92

Memory 记忆：相机作为辅助和修正工具，35–36；与遗忘，14，54，56；家庭电影作为替代品，41–42，44；其中存在的不准确性, 21, 21n; 正面记忆与负面记忆的选择性遗忘, 77–78; 受到抑制的, 14, 16–17, 35; 创伤幸存者记忆中的选择性空白, 13–16, 13n。另参见 Forgetting and being forgotten

*Memory, History, Forgetting* (Ricoeur)《记忆，历史，遗忘》（利科）, 14

Memory studies 记忆研究, 14, 14n

*Memory Studies* (journal)《记忆研究》（期刊）, 14n

Metadata, digital photos and 元数据与数字照片, 108–112

Meyrowitz, Joshua 约书亚·梅罗维茨, 97–99

Michelin, Jean 让·米其林, 27–28

Microchips 微芯片: 人体中, 106–108, 115, 107n; 宠物身体中, 105–106

Migrants and refugees 移民与难民: 过去生活的数字踪迹, 16–18, 17n; 社交网络, 100

Mobility, social media and lack of ability to leave past behind 流动性，社交媒体与将过去抛下的能力缺失, 57–59, 95–97, 99–104, 114–116, 142

Moral panic, about new technologies 面对新技术的道德恐慌, 3, 6, 26

Motivated forgetting 动机性遗忘, 55

Movable type 印刷活字. 参见 Print culture

Moynihan, Tim 蒂姆·莫伊尼汉, 114n

### 遗忘的尽头:与社交媒体一同成长

Multiuser domains (MUDs), Turkle's research and 多用户域与特克尔的研究, 60-61

- N -

NAACP 全美有色人种协进会, 65n

Narrative exposure therapy 叙述情境疗法, 17-18

Neuroscience, memory and 记忆与神经科学, 20-21, 55, 91-92

New York State, labor and child protection laws 纽约州的劳动和儿童保护法, 71

*New York Times*《纽约时报》, 81, 17n, 71n, 107n

Nietzsche, Friedrich 弗里德里希·尼采, 53-56

Nonconsensual sexual contact 未经同意的性接触, 83, 87, 83n, 87n

Nørby, Simon 西蒙·诺比, 78

*No Sense of Place* (Meyrowitz)《消失的地域》(梅罗维茨), 97-99

Nostalgia 怀旧: 与青少年, 68; 与传播资本主义, 134

- O -

*On the Genealogy of Morality* (Nietzsche)《论道德的谱系》(尼采), 53-54, 55-56

Oversharing, of children's photos 过度分享儿童的照片, 73-75

索 引

– P –

Paasonen, Susanna 苏珊娜·帕索宁, 46n

Parents 父母：与儿童接触互联网的渠道, 5 – 7；与数据删除, 134, 143；与家庭电影, 43；很晚才发现孩子的网络名气, 80；有关儿童与互联网的立法, 52, 64, 84, 52n；与儿童身体植入微芯片, 106 – 107, 107n；20 世纪中叶缺乏童年的记录, 13 – 14；宝丽来照片与绕过成年人的把关, 36 – 40；在线上发布孩子的照片, 52, 73 – 79；拉扎父母的诉讼案, 81 – 82

*Parents Magazine*《父母杂志》, 43

Parsons, Rehtaeh 雷塔赫·帕森斯, 83 – 84, 86 – 87, 124, 83n, 86n

Pay – for – delete model, of data erasure 数据删除的付费模式, 132 – 134

Photographs, analogue 模拟照片：销毁与遗忘的能力, 1 – 2, 12 – 16, 139；内容限制与审查, 36 – 37, 48, 37n；成本限制, 36, 48；与童年的记录, 25, 30 – 41, 32n；作为一种有限的分享平台, 74；标记, 113 – 114, 114n。另参见 Kodak cameras；Polaroid cameras

Photographs, digital 数字照片：通过社交媒体可以轻松分享, 85；与永久的童年, 23 – 24；与色拉布, 66。另参见 Tags and tagging

PhotoScan app 谷歌的照片扫描应用程序, 114n

229

**遗忘的尽头：与社交媒体一同成长**

Plato, Dana 丹娜·柏拉图, 70

Pogue, David 大卫·波格, 107n

Polaroid cameras 宝丽来相机, 38-41, 87: 使用成本, 40; 21 世纪早期, 38-39; 型号 Joycam, 39; 在复制和分享照片方面的有限能力, 40-41, 48; 型号 Swinger, 38-39

Pornography 色情制品: 儿童, 83; "自愿", 83n; 同性恋色情制品与数据删除, 118-119; 家庭电影与业余色情制品, 43, 46n; 与互联网, 3-4; "报复性"色情, 82-83

Portrait photography 肖像照片, 31

Portraiture, documentation of childhood and 肖像画与童年的记录, 25, 26-28, 30, 27n

Postman, Neil 尼尔·波兹曼, 7-11, 12, 97-98

Postmortem photography 死后摄影, 32n

PressPlay events 一种现场巡回演出活动, 79-80, 80n

Print culture 印刷文化: 与成年人的控制, 11; 与童年的记录, 28-30; 对童年概念的影响, 8, 8n

Privacy 隐私: 与网络欺凌, 85-86; 与数据收集, 52, 125, 135; 与法律, 65; 与照片标记, 110, 112; 与追踪设备, 105-107, 106n

Private sphere 私人领域: 与儿童与青少年, 123; 公众人物与公民个体的区分, 121-124,; 与视频, 41, 49

Protests, possible tagging of photos from 反对行动中可能出现的照片标记, 113

Psychology 心理学：弗洛伊德及其屏蔽记忆, 87 – 92；遗忘的修复性面向, 53 – 56

Psychosocial moratorium 社会心理层面的合法延缓期, 61 – 63, 141 – 142：与数字删除的挑战, 120 – 125；重新建立的需要, 64 – 68

Public and private citizens：difficulty of distinguishing between 区分公众人物与公民个体的困难, 121 – 124。另参见 Private sphere

Publishing, digital and analogue and ability to withdraw publications 数字与模拟出版及其撤回出版物的能力, 117 – 118

- Q -

Queer sexuality 酷儿性取向, 46 – 47, 116

- R -

Radical Teacher（Jenkins）《激进教师》（詹金斯）, 6 – 7
Radio 广播, 6, 83, 98, 99
Radstone, Susannah 苏珊娜·莱德斯通, 14n
Ragsdale, Eugene W. 尤金·拉格代尔, 43
Rape 强暴, 87, 83n, 87n

## 遗忘的尽头：与社交媒体一同成长

Raza, Ghyslain (Star Wars Kid) 吉斯兰·拉扎（星球大战小子）, 80-82, 84, 85, 86, 92-93, 121-122, 80n

Reality television 电视真人秀, 123, 123n

Recruiters 招聘人员. 参见 Employment offers

Reding, Viviane 薇薇安·雷丁, 52

Refugees 难民. 参见 Migrants and refugees

Reload: Rethinking Women in Cyberspace (Flanagan and Booth), 60n

*Remembering* (Bartlett)《记忆》（巴特利特）, 54-55

Reparative forgetting 修复性遗忘, 53-56

Repression 压抑：弗洛伊德的压抑概念, 20n；弗洛伊德压抑概念及对反感记忆的替换, 90-91

Retrogressive screen memory 倒退的屏蔽记忆, 88

"Revenge porn," 报复性色情制品, 82-83

Rheingold, Howard 霍华德·莱因戈尔德, 59n

Ricoeur, Paul 保罗·利科, 14

Right to be forgotten 被遗忘权, 51-53, 57-59, 121, 143, 23n

Right to remove, in United Kingdom 英国的删除权, 121n

*Rolling Stone* magazine《滚石》杂志, 78-79

Rouvroy, Antoinette 安托瓦内特·鲁夫罗伊, 56

*Rubyfruit Jungle* (Brown)《红果实丛林》（布朗）, 46

## -S-

Sales, Nancy Jo 南希·乔·萨尔斯, 141

Schachter, Joshua 约书亚·沙克特, 108, 110

Screen memories 屏蔽记忆：与弗洛伊德, 21, 35-36, 87-92, 142；类型, 88；不确定未来, 92-93

"Screen Memories"（Freud）论文《屏蔽记忆》（弗洛伊德）, 87-92

Segal, Murray D. 默里·西格尔, 84, 83n

Selfies 自拍照, 2, 11, 16, 26, 37, 2n

Self-representation 自我呈现：与青少年, 40, 50, 84-85, 123, 139-140；与儿童, 32-37, 50, 84-85, 123, 139-140

Sentimentality, adolescents and 青少年与多愁善感, 68, 130

Sexting 色情短信, 48, 66-67, 82n

Sexual assault 性侵犯. 参见 Nonconsensual sexual contact

Sexual orientation, and breaking with the past 性取向与切断过去：男同性恋性取向, 102, 118-119；女同性恋性取向, 46-47, 102；酷儿性取向, 46-47, 116；跨性别身份认同, 59-60, 102

Sharenting 晒娃成癖, 74

Shirky, Clay 克莱·舍基, 110-111

Sliwinski, Sharon 莎伦·斯利温斯基, 88n

Smartphones 智能手机：与基于全球定位系统装置的追踪, 100, 107, 107n；使用智能手机拍摄的照片数量, 49,

111；难民通过智能手机对过去的记录，16
Smith, Richard 理查德·史密斯，106
Smith, Shawn Michelle 肖恩·米歇尔·史密斯，88n
Snapchat 色拉布，49，66-67，67n；与数据生产，130，137；"无限"的定时器设置，67-68，67n；第三方应用程序快存，67n；小火花功能，130-131
Social forgetting 社会性遗忘，58
Social media 社交媒体．参见 Facebook；Instagram；Snapchat
Social media wills 社交媒体遗嘱，57
Sony camcorder 索尼便携式摄像机，45
Starflash camera 布朗尼星闪相机，34n
Star Wars Kid（Ghyslain Raza）星球大战小子（吉斯兰·拉扎），80-82，84，85，86，92-93，121-122，80n
Stewart, Susan 苏珊·斯图尔特，68
Stone, Lawrence 劳伦斯·斯通，27n
Stone, Oliver 奥利弗·斯通，42n
Storm, Benjamin 本杰明·斯托姆，55
Suicide 自杀：童星，70；与网络欺凌，82，83，124，82n，83n
Surveillance 监控，105，125
Syrian refugees, digital traces of past and 叙利亚难民过去的数字痕迹，16-18，17n

-T-

Tags and tagging 标签与标记：自动照片标记，96-97，104，

111－112，115，113n；鸟类与家畜，104－106；基于人群的照片与面部识别，112－115；与网络欺凌，83；电子媒介时代物理边界的崩溃以及伴随我们移动的社交网络，97－100；历史，104－108；人体，106－108，106n，107n，107n；在照片中标记不同个人，103－104，113－114，114n；照片标签的起源，108－112

Teenagers 青年. 参见 Adolescents

Telephones, collapse of physical boundaries and 电话与物理边界的崩溃，98，99

Television 电视：与儿童，6，9，10－11，137，123n；与物理边界的崩溃，98，99；与成年、童年分界线的消融，8－9，11；真人秀，123，123n

*Testimony*（Laub and Felman）《证言》（劳步与费尔曼），15

Thomas, Kate 凯蒂·托马斯，76

*Time magazine*《时代》杂志，106

Tracking apps 跟踪应用程序. 参见 GPS－based technology

Transgender identity 跨性别身份认同，59－60，102

Trax 一家生产追踪设备的开发商，107n

Turkle, Sherry 雪莉·特克尔，60－63，61n

Twitter, data generation and 推特与数据生产，127

*Two Children Teasing a Cat*（Carracci）《两个孩子逗弄一只猫》（卡拉齐），27

235

**遗忘的尽头：与社交媒体一同成长**

- U -

Unger, Nancy 南希·昂格尔, 37

United Kingdom 英国：与数据删除立法, 52；"五权", 121n

United States 美国, 96, 112：与酒精消费, 83n；集体遗忘, 53n；互联网监视, 5 - 6；与少数族裔身份的公开, 120, 121n

Urban Outfitters 城市旅行用品店, 38 - 39

- V -

Vander Wal, Thomas 托马斯·范德尔·沃尔, 109

van Gennep, Arnold 阿诺尔德·范热内普, 22

VeriChip 绝对芯片, 107

Videos 视频. 参见 Home movies and videos

Vine (video sharing app) 一款视频分享应用程序, 75, 77, 79, 80, 76n

Virtual communities 虚拟社区, 60 - 64, 75, 141, 59n

*Virtual Community: Homesteading on the Electronic Frontier, The* (Rheingold)《虚拟社区：电子边界上的家园》（莱因戈尔德）, 59n

Voss, Joel 乔尔·沃斯, 21

- W -

Window metaphor, of Nietzsche 尼采的窗户隐喻, 53 - 54,

55 – 56

*Wired magazine*《连线》杂志, 114n

World War II 第二次世界大战. 参见 Holocaust survivors

### – X –

Xerox Corporation 施乐公司: 与静电复印术, 126, 116n; "施乐之星"电脑, 10

### – Y –

Yearbooks 学校纪念册: 与青少年时期的不完美, 19 – 20; 被数字化的照片, 114, 142; 分布的局限, 57, 103

Yelp reviews, and monetizing of childhood celebrity 点评网站 Yelp 上的评论与童星的变现, 76 – 77

"Your Future Employer Is Watching You Online. You Should Be, Too" (Fertik)《你未来的雇主正在网上关注你, 而你也应该这样做》(弗迪克), 65n

YouTube 一家美国视频网站, 77, 79, 80, 82

### – Z –

Zelizer, Barbie 芭比·泽利泽, 17

Zimmermann, Patricia 帕特里夏·齐默尔曼, 42, 43

Zuckerberg, Mark 马克·扎克伯格, 7, 116n

# 译后记

2020年我入职川大，承蒙文新学院前辈们的提掖，不久后便受邀加入全校通识课"连接与交互：媒体、舆论与传播"的授课团队，这门课中就有黄顺铭教授与我合上的"媒介记忆"专题。我们目前的合作模式是我主讲头两节，以引介相关概念与研究成果为主，而第三节则由黄老师择一经验个案来组织讨论。这于我当然是绝佳的学习机会，我不仅可以趁机广览记忆研究领域的各类著作与论文，更能够借助黄老师在该领域的丰富经验对这些研究成果进行及时的运用与印证。截至2022年夏我提交译稿时，黄老师已经带着我们讨论了谷歌的"国庆记忆"，川大校庆的"开端记忆"，东航事件的"闪光灯记忆"等案例，无不令人耳目一新。本书所属"媒介与记忆译丛"亦由黄老师主持，他慷慨允我翻译其中一本，自然也可视为我在该领域的又一项学习成果。

《遗忘的尽头：与社交媒体一同成长》是一本可读性非常强的书，除了几个反复提及的心理学概念之外，作者基本

# 译后记

上是把学理性的分析融入故事的叙述，这便是我翻完全书的第一个感觉：简洁清爽不卖弄。如果读者诸君也看过德国著名记忆研究专家阿斯曼夫妇的多本大作，就会知道其文献纵深完全不可同日而语，其中充满了德法文献与西方古文明的案例。对于初涉记忆研究的学友，类似本书这种更有代入感的专著可能是更好的起点，质性研究讲求"推己及人"，若是一开始就攀爬高峰，反倒令人生畏。相较而言，本书的经验资料基本上都是社交媒体时代的案例，相信不论什么教育背景或年龄段的读者应该都会生出些许亲近感，即便是涉及历史材料的部分。例如第一章讲述儿童或童年在绘画、摄影、录像等媒介技术中的呈现，显示作者既深谙掌故又了解行情；再如第四章中的"标签对象简史"，你读来也不会感到任何生涩之处，她从动物标记一直讲到人体芯片植入，这些也是整本书中我比较喜欢的富有想象力的叙述段落。尤其重要的是，作者从这些稀松平常的资料中建立起了较有说服力的论述，例如第二章中作者借用心理学家埃里克森提出的介于童年和成年之间的社会心理阶段，即"合法延缓期"，来综合阐述数字时代媒介技术给我们的记忆带来的影响。简单讲，她认为社交媒体引致遗忘能力逐步丧失，这又进一步使我们缺乏在探索身份认同过程中试错的机会，年轻懵懂时若不谨言慎行，未来事发时是没有"缓刑"的。在叙述中，作者不仅旁征博引，而且还在全球相关法律规范方面广泛搜集证据加以辨析。因此总的来说，这本书的写作风格会让读者轻车熟路，很快便能够掌握关键讯息，甚至加入与作者或

239

## 遗忘的尽头：与社交媒体一同成长

他人的拓展论辩当中。

  本书给我的另一个感触是方法，或者说是书写风格层面上的。由于近两年的身份转变，我对研究应该如何执行更加敏感。面对一份研究，作为学生首先要做的是吸收，寻找其中有价值的论点，并且反思其与自己研究的关联，但作为老师还会多留心一点，也就是这份研究是怎么做出来的，可以推荐给我的学生吗？众所周知，量化研究的"操作技术"比较清晰，易于传授。但质性研究，包括人文研究的诀窍却很难讲清楚。那么，找到适合各式各样选题的"参考范例"似乎是比较具体可行的方案。由于本书标题中出现醒目的"社交媒体"字样，至少不会有人怀疑它与我所在的新闻传播学的关系，但显然它的风格与我们常见的研究非常不同。我把这本书所呈现出来的独特性理解为"心理学研究风格"，当然这可能是一个很草率的判断。在翻译的过程中我也顺道去读了书中多次引用的埃里克森的著作，很多已有中译本问世，尤其是《童年与社会》，让我数度感慨二者的写作风格不乏相通之处。首先，它们都非常重视"案例"的选取，当然"病例"是某些情况下的另一种提法，此案例绝非夹叙夹议顺便举例，而是构成了论述的核心线索，然后结合案例与已有的心理学概念进行磨合与补充阐释。在本书中尤为显著的除了前面提到的"合法延缓期"以外，还有"屏蔽记忆"等概念。它们不仅与相应论述有文字上的亲近，例如合法延缓期中的"合法"在作者看来是一种正当的、约定俗成的社会文化惯例，而"屏蔽记忆"一章的焦

## 译后记

点便是各种"屏幕"下的活动对遗忘能力的影响。更重要的是，这些概念不是一个可资套用的针对行为、目的、逻辑、动机等方面的现成解释框架，而是指涉某种研究对象，至于如何进一步解释对象的处境与变化，则要靠研究者的诠释功力。再者，它们在研究过程中对"证据"的选取常常不拘一格，这在本书中尤为明显，例如大量在报纸、期刊上发表的新闻与评论文章，此外还有文学作品、艺术作品、影视作品，乃至某公司、行业的手册资料，以及这些公司和行业出现在报章中的某些动态消息，或是某项技术、功能的发展史，等等。给人感觉它们的思路就是搜集尽可能多的有助于说明案例的一切资料，于是研究者的贡献正在于编织材料的思路和观点阐述。这与我们通常划定一个样本框、选定一个田野地点、联系一群访谈对象等做法显然有所区别，可同时这也对研究者本身的主动性与灵活性提出了较高要求。如此看来，这本书至少给想要"诠释"社交媒体时代的某种关涉社会心理方面现象的学友提供了方法参考。

当然除了上述实用方面的考量之外，我也的确认为本书提出了一个非常重要的问题，关乎当今生活在数字时代下的每一位。若是反思一下自己的观念，你多半也会同意，我们常常把遗忘当成是一件负面或消极的事情。忘记伴侣的生日自然不应该，忘记学习和工作的内容同样不可取，忘记国家和民族的苦难更是不道德。由是，手机备忘录、日历提醒设置、记事手帐、智能音箱语音提示、各式献礼文艺作品等花样百出的技术或文本，仿佛都在帮助我们弥补和挽救遗忘所

### 遗忘的尽头：与社交媒体一同成长

带来的危害。这些事情都有着我们无法反驳的重要性，但在这个过程中我们有可能忘记了遗忘也是一种重要的能力。不仅记忆需要训练和辅助，遗忘也需要关注和帮助。记忆使我们进入真正有价值的生命与历史，遗忘同样是这一关怀的有力保证！勿忘初心是今天社会所提倡的价值观，它本是针对各种腐化、异化、堕落、焦虑、浮躁的局部社会现象，但值得提醒的是，适切的、主动选择的遗忘也是守护初心的重要环节，这也关涉今天的我们何以重塑内心价值、保护个人信息、维系私人权利等重要议题。在这个意义上，这本书其实带给我们一个重要提示：忽视遗忘的功能，何谈记忆的价值？

最后关于本书书名也有少许交代，原名 *The End of Forgetting* 按现在流行的说法可以译为遗忘的"终结"，或许比现在的"尽头"更掷地有声。但我选择后者出于两点考虑，首先是本书导论标题中的"end"是作为名词使用的，"尽头"乃成长之所在，故与书名产生呼应。再者，我们今天实在是不缺"终结"，譬如福山的历史终结、卡斯特的千年终结、丹托的艺术终结、克拉里的睡眠终结、上野千鹤子的家庭终结、瓦蒂莫的现代性终结，等等。虽然原作者不乏遗忘终结之意，但我们无需再增加一笔断言，相反"尽头"的可能性倒是更多，毕竟山重水复疑无路，谁料柳暗花明又一村。

2022 年 8 月 5 日　成都